2.-6. Schuljahr

Gabriela Rosenwald

Lernwerkstatt
Kartoffel

Alles Wissenswerte
über die tolle Knolle

Lernen mit Erfolg
KOHL VERLAG
www.kohlverlag.de

Lernwerkstatt KARTOFFEL

Alles Wissenswerte über die tolle Knolle

4. Auflage 2024

© Kohl-Verlag, Kerpen 2009
Alle Rechte vorbehalten.

<u>Inhalt</u>: Gabriela Rosenwald
<u>Coverbild</u>: © fotolia.com
<u>Redaktion</u>: Kohl-Verlag
<u>Grafik & Satz</u>: Kohl-Verlag
<u>Druck</u>: Druckerei Flock, Köln

Bestell-Nr. 11 004

ISBN: 978-3-86632-196-0

Bildquellen:

Auf allen Seiten rechts/links oben: © mbongo - AdobeStock.com;   Seiten 5, 31, 34 und 38: © Angelaravaioli - fotolia.com;   Seite 2: © Africa Studio - AdobeStock.com;   Seite 35: © Design Resources - AdobeStock.com

....

Der vorliegende Band ist eine Print-<u>Einzellizenz</u>

Sie wollen unsere Kopiervorlagen auch digital nutzen? Kein Problem – fast das gesamte KOHL-Sortiment ist auch sofort als PDF-Download erhältlich! Wir haben verschiedene Lizenzmodelle zur Auswahl:

	Print-Version	PDF-Einzellizenz	PDF-Schullizenz	Kombipaket Print & PDF-Einzellizenz	Kombipaket Print & PDF-Schullizenz
Unbefristete Nutzung der Materialien	x	x	x	x	x
Vervielfältigung, Weitergabe und Einsatz der Materialien im eigenen Unterricht	x	x	x	x	x
Nutzung der Materialien durch alle Lehrkräfte des Kollegiums an der lizensierten Schule			x		x
Einstellen des Materials im Intranet oder Schulserver der Institution			x		x

Die erweiterten Lizenzmodelle zu diesem Titel sind jederzeit im Online-Shop unter www.kohlverlag.de erhältlich.

Inhalt

Lernwerkstatt KARTOFFEL
Alles Wissenswerte über die tolle Knolle — Bestell-Nr. 11 004

KOHL VERLAG
Lernen und Erfolg

Inhalt

Lernwerkstatt KARTOFFEL
Alles Wissenswerte über die tolle Knolle — Bestell-Nr. 11 004

KOHL VERLAG

Einleitung

Liebe Kolleginnen und Kollegen,

Kartoffeln gehören zu den Grundnahrungsmitteln. Sie sind prädestiniert, auch in den Entwicklungsländern zur Bekämpfung des Hungers beizutragen.

Kartoffeln sind auf allen Kontinenten zu finden und werden in 130 Ländern der Erde angebaut. Es existieren weltweit etwa 5000 kultivierte Sorten. Hinter Weizen und Reis steht die Kartoffel in der Liste der am meisten produzierten Nahrungsmittel an dritter Stelle.

Grund genug, die Kartoffel näher kennen zu lernen. Wie weit ist unseren Kindern überhaupt bekannt, dass Pommes und Chips nicht an den entsprechenden Bäumen wachsen, sondern aus Kartoffeln hergestellt werden?

Die Herkunft und Geschichte der Kartoffel, personifiziert als Kar und Toffel, werden hier einfach dargestellt.

Entwicklung der Pflanze, Sorten, Namen und Zusammensetzung und Produkte der tollen Knolle sind in diesem Heft zusammengestellt. Durch Lesen, Malen, Rätseln, Nachdenken und Überlegen lernen die Schülerinnen und Schüler vieles über Kartoffeln. Einfache Rezepte in der kleinen Koch- und Naschecke vervollständigen das Angebot.

Viel Freude und Erfolg beim Einsatz der vorliegenden Kopiervorlagen wünschen Ihnen Kar und Toffel, der Kohl-Verlag sowie

Gabriela Rosenwald

Bedeutung der Symbole:

 Einzelarbeit
EA

 Partnerarbeit
PA

 Arbeiten in der Gruppe
GA

 Schreibe ins Heft/ in deinen Ordner

Lernwerkstatt KARTOFFEL
Alles Wissenswerte über die tolle Knolle   –   Bestell-Nr. 11 004

KOHL VERLAG

Ein paar Worte zum Einsatz der Werkstatt

Diese Werkstatt eignet sich:

- zur Projektarbeit
- zur Freiarbeit
- zum Einsatz im Sachunterricht
- für Vertretungsstunden
- als Hausaufgaben

Die Seiten 7 bis 24 können in zwei Varianten bearbeitet werden:

1. Die Seiten 7 bis 24 werden nur einmal kopiert. Schneiden Sie die Blätter an der Linie durch. Verteilen Sie die Seiten an Ihre Schüler. Rufen Sie die Nummern der Reihe nach auf. Jeder Schüler liest dann die wenigen Zeilen von seinem Blatt vor. Der Fragebogen zur Geschichte testet anschließend, wie gut ihre Schüler zugehört haben!

2. Jeder Schüler erhält die Seiten 7 bis 24. Die Bilder werden farbig angemalt und ein Titelblatt gestaltet. Weitere freie Seiten können eingefügt werden, um Wichtiges über die Kartoffel zu notieren. Nun werden die Seiten ausgeschnitten und gelocht. Mit einer bunten Kordel binden die Schüler ihr Heft zusammen.

Nun wird der Text gelesen und anschließend der Fragebogen bearbeitet.

Die Seiten 26 bis 48 sollten Sie im Klassensatz kopieren. Jeweils 1-2 Blätter behandeln ein Thema. Der Arbeitspass zeigt den Schülerinnen und Schülern, was sie noch erledigen müssen. Die Aufgaben können in Einzel- oder Paararbeit bearbeitet werden, eignen sich aber auch als Freiarbeit und Hausaufgabe.

Lernwerkstatt KARTOFFEL
Alles Wissenswerte über die tolle Knolle – Bestell-Nr. 11 004

KOHL VERLAG

Arbeitspass

Name: _____   Klasse: _____

Seite	Thema	begonnen	erledigt

Lernwerkstatt KARTOFFEL – Bestell-Nr. 11 004
Alles Wissenswerte über die tolle Knolle
KOHL VERLAG
Lernen mit Erfolg

I. Die Geschichte der Kartoffel

So bastelst du dein Kartoffelbuch:

Du brauchst:

- die kopierten Seiten 7 bis 24
- vielleicht noch einige leere Blätter?
- Farbstifte
- Schere
- Locher
- ca. 40 cm bunte Kordel

Die Kartoffelgeschichte

So geht es:

- Male die Bilder bunt aus.
- Die alten Fotos werden „koloriert". Das heißt: die hellen Flächen werden mit zarten Farben buntgemalt. (Als es noch keine Farbfotos gab, gestaltete man so die schwarz-weißen Fotos bunt.)
- Gestalte ein Titelblatt.
- Schneide die Seiten sorgfältig aus.
- Loche sie an der Markierung.
- Binde sie mit deiner Kordel (Schleifenband, Wollfaden) zusammen. Wenn du noch weitere Seiten einfügen willst, mache eine Doppelschleife und keinen Knoten!
- Lies dann die Geschichte und beantworte den Fragebogen dazu!

So kam die Kartoffel übrigens zu ihrem Namen:

Die Inkas nannten die Kartoffeln "papas", was soviel heißt wie "Knollen". Auf ihrem Weg nach Europa, bekamen sie (wahrscheinlich) in Italien den Beinamen "Trüffel", italienisch: "tartufoli". Weitere deutsche Namen waren "Tartuffeln", "Artoffel" bis zur Kartoffel.
Der Botaniker Caspar Bauhin schließlich nannte die Knolle dann "solanum tuberosum esculentum", was soviel bedeutet wie "essbarer knolliger Nachtschatten".

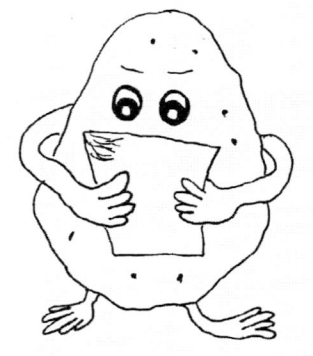

Lernwerkstatt KARTOFFEL
Alles Wissenswerte über die tolle Knolle — Bestell-Nr. 11 004

Lernen mit Erfolg
KOHL VERLAG

Titelseiten zur Geschichte

Die Geschichte

1. Ich bin der Kar – und das ist die Toffel. Zusammen hei-ßen wir Kartoffel. Wir haben viele, viele Brüder, viele, viele Schwestern und viele, viele Kinder.

2. Wir wollen euch von un-serer Heimat Südamerika und der abenteuerlichen Reise nach Europa erzählen. Alles, was wir erlebten und was uns in Europa erwartete. Und was man heute so mit uns und aus uns macht!

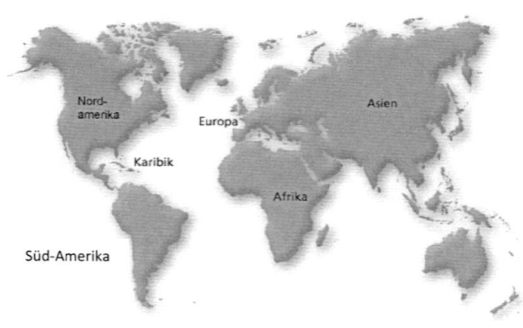

Lernwerkstatt „Kartoffel" - Bestell-Nr. 11 004

3. Die Indianer in Südamerika hatten schon früh die Vorteile von Ackerbau und Viehzucht erkannt. Sie züchteten Schafe, Ziegen und Lamas. Daher bekamen sie Wolle, Leder und Fleisch. Sie bauten Mais, Kürbisse, Bohnen und Kartoffeln an. So mussten sie sich nicht mit dem mühsamen Sammeln von Früchten und Wurzeln plagen. Sie konnten sich mit der Wissenschaft, der Kunst und der Religion beschäftigen.

Lernwerkstatt „Kartoffel" - Bestell-Nr. 11 004

4. Die Indianer legten am Berg Terrassen an. Dort setzten Männer und Frauen die Kartoffeln. Die Männer gruben mit einem Grabstock Löcher. Die Frauen legten die Kartoffeln hinein. In den Bergen über 2500 Metern Höhe wuchsen weder Mais noch Getreide. Doch wir Kartoffeln brachten eine gute Ernte. Die Indianer brauchten nicht zu hungern!

11 004

Lernwerkstatt „Kartoffel" - Bestell-Nr. 11 004

5. Wir durften in dem einfachen Sandboden in Ruhe wachsen. Mit Hacken und Grabstöcken wurden wir geerntet. Über dem Feuer hing ein Topf mit Wasser. Dort kochten die Indianerfrauen uns mit Kräutern oder Gemüse. Manchmal kochten sie auch ein Stück Fleisch dazu. Das war ein friedliches, angenehmes Leben.

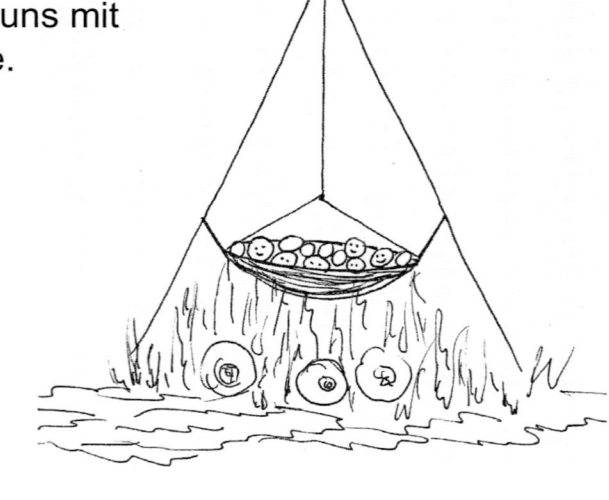

Lernwerkstatt „Kartoffel" - Bestell-Nr. 11 004

6. Im 16. Jahrhundert war es mit der Ruhe eines Tages schlagartig vorbei. Fremde Menschen mit heller Hautfarbe drangen in unser Leben ein. An der Küste lagen große Schiffe, die wir hier nicht kannten. Die Fremden waren sehr hungrig und suchten nach Nahrung. Sie fanden uns, die Kartoffeln.

11 004

Lernwerkstatt „Kartoffel" - Bestell-Nr. 11 004

7. Die Eindringlinge wollten die Herren in unserem Land sein. Viele von ihnen machten sich aber doch wieder auf, um in die Heimat zurückzukehren. Sie segelten nach Europa. Spanien war ihre Heimat. Neben den Geschenken der Indianer nahmen sie auch viele Kartoffeln mit. Die können euch nun viel von ihrer Seereise erzählen!

8. Zur Reise nach Europa verließen wir die Küste Südamerikas an einem sonnigen Tag. Das Schiff schaukelte in den Wellen. Wir lagen in alten Körben auf dem Deck. Licht und Sonne mögen wir Kartoffelknollen aber gar nicht! Wir bekommen davon schnell grüne Flecken. Weil wir sauer sind, wenn wir im hellen Licht liegen müssen, bilden wir in den grünen Stellen Gift. Es heißt Solanin. Den Menschen wird sehr übel davon.

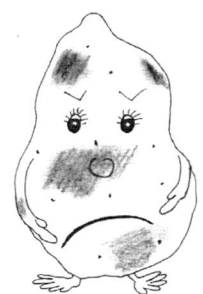
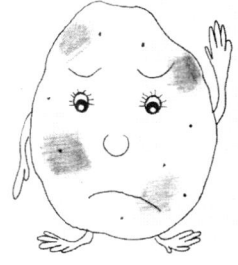
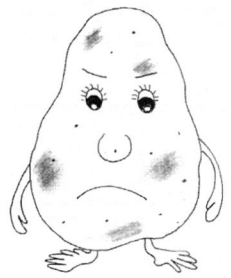

Lernwerkstatt „Kartoffel" - Bestell-Nr. 11 004

9. Nach einigen Tagen verzog sich die Sonne. Die See-leute schafften alles, was so auf dem Deck herumstand, ins Innere des Schiffes. Der Himmel wurde mitten am Tag dunkelgrau. Der Sturm trieb dicke Wolken vor sich her. Es regnete in Strömen. Es blitzte und donnerte.

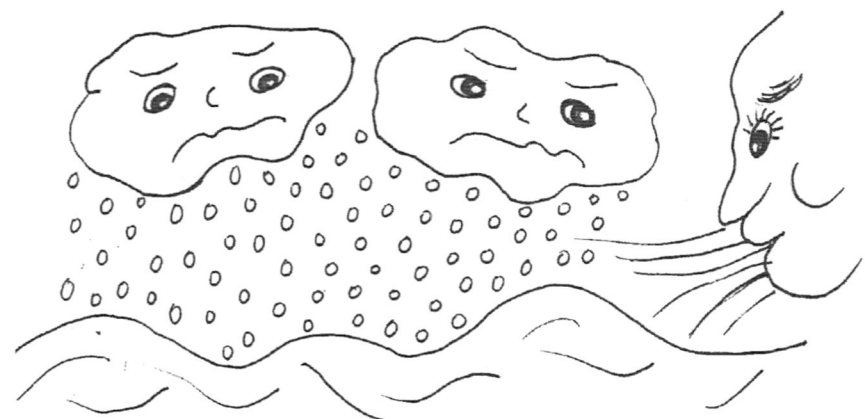

10. Das Schaukeln des Schiffes, woran wir uns gerade gewöhnt hatten, wurde zum wilden Schlingern. Wenn wir damals schon die Achterbahn gekannt hätten, hätten wir die Reise damit verglichen: Auf und ab in rasender Fahrt! Über das Deck rollte eine Welle nach der anderen. Wir waren froh, dass wir unten im Schiff lagen!

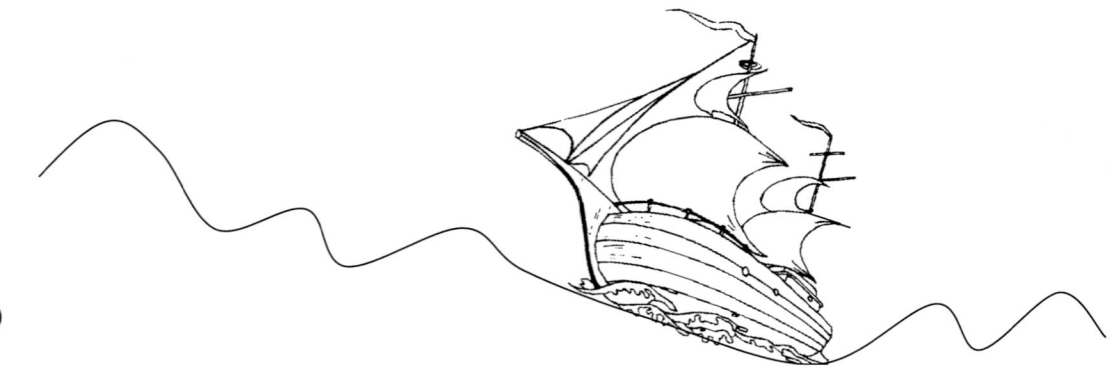

Lernwerkstatt „Kartoffel" - Bestell-Nr. 11 004

11 004

11. Die Seeleute brüllten sich Befehle zu. Bei dem Tosen des Meeres konnten wir kaum etwas verstehen. Mit einem Knall zerriss der Sturm ein Segel. Wir hatten alle ganz schön Angst! Wir glaubten nicht, dass wir als Seekartoffeln weiterleben könnten, wenn das Schiff unterginge.

12. Es wurde dunkler und dunkler, doch kein Mond war zu sehen. Rings um uns herum waren nur Wasser und Wellen. Die Matrosen hatten die Segel eingerollt, damit der Sturm nicht noch mehr zerstörte. Das Schiff trieb wie eine Nussschale auf dem Meer. War das eine ungemütliche Nacht! Irgendwann sind wir dann wohl eingeschlafen ... .

Lernwerkstatt „Kartoffel" - Bestell-Nr. 11 004

KOHL VERLAG

✂

○

13. Langsam wurde es etwas heller. Wir blinzelten ins Licht. War der Sturm vorbei? Hatten wir ihn überstanden? Die Segel waren wieder aufgezogen. Die Wellen waren nicht mehr so hoch. Die Reise ging weiter. Wir wussten nicht, wohin es ging und was uns erwartete.

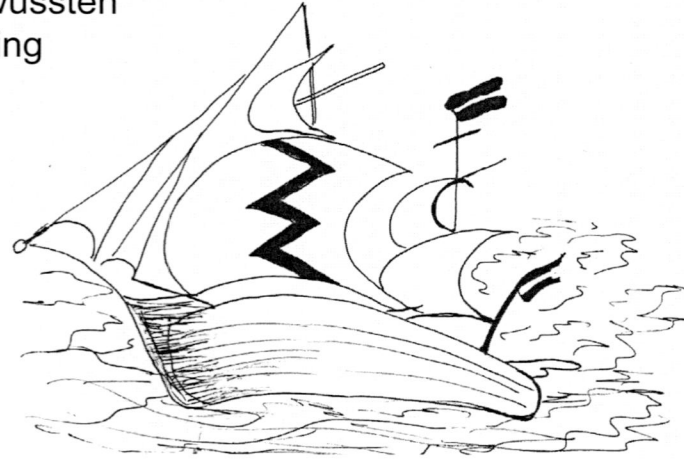

○

Lernwerkstatt „Kartoffel" - Bestell-Nr. 11 004

✂

○

14. Nach vielen, vielen Tagen sahen wir Land vor uns. War dies das Ziel unserer Reise? Wohin kamen wir? Die Seeleute riefen: „Espania! Espania!" Wir wussten nicht, was das hieß. Die Matrosen segelten in den Hafen und legten an. Über der freudigen Begrüßung vergaß man uns völlig.

○

11 004

Lernwerkstatt „Kartoffel" - Bestell-Nr. 11 004

15. Schließlich wurde das Schiff entladen. Man stellte uns an den Strand. Wir waren so froh, dass das Schaukeln vorbei war! Wir hatten endlich wieder festen Boden unter den Füßen. Um uns herum gab es Sand, Muscheln und Vögel. Es war anders als in unserer Heimat, aber nicht so schlimm, wie wir gedacht hatten.

16. Ein paar Tage später hatten wir wieder grüne Flecken, weil man uns so einfach im Hellen liegen ließ. Warum hatten sie uns überhaupt mitgenommen? Nun sollten sie sich wenigstens um uns kümmern und uns pflanzen!

Lernwerkstatt „Kartoffel" - Bestell-Nr. 11 004

11 004

17. Endlich kam der Kapitän mit ein paar Bauern. Er erzählte, wie gut man uns essen könnte und wie lecker wir schmecken würden. Die Kars und Toffeln platzten fast vor Stolz. Die Seeleute erklärten den Bauern, wie sie uns zu pflanzen hätten und wie wir am besten wachsen und gedeihen würden.

Lernwerkstatt „Kartoffel" - Bestell-Nr. 11 004

18. Dann brachte man uns auf ein Feld. Wir wurden eingepflanzt. Ach, war das gut, wieder Erde um sich herum zu spüren! Hier war es auch nicht so kalt wie in unserer Heimat. So wuchsen wir schnell, in der Erde und auf der Erde.

11 004

Lernwerkstatt „Kartoffel" - Bestell-Nr. 11 004

19. Einige Monate später war es mit unseren Blüten, Beeren und Blättern vorbei. Was blieb, waren wir, die Kartoffeln. Die Bauern waren besorgt, als sie unser Kraut welken sahen und der Acker unansehnlich wurde. Doch dann gruben sie die Erde auf und fanden uns.

20. Die Freude war auf beiden Seiten: Wir freuten uns, dass sie uns ausgruben, die Bauern freuten sich, dass wir so viele geworden waren. Die gepflanzte Kartoffel – man nennt sie auch Mutterknolle – war schrumplig, schwarz und hässlich geworden, doch es gab ja genug neue Kars und Toffeln.

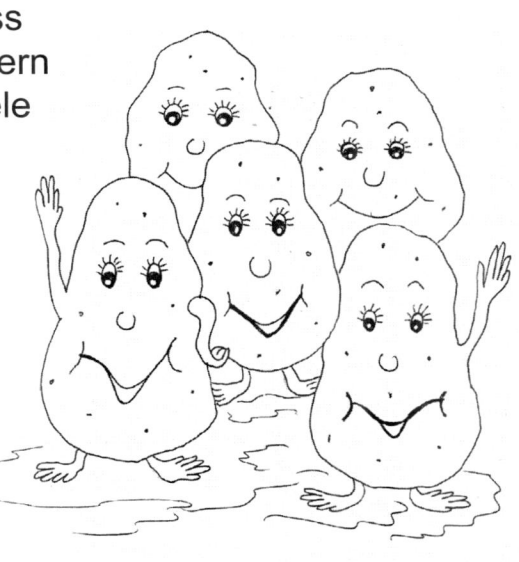

Lernwerkstatt „Kartoffel" - Bestell-Nr. 11 004

21. Die Bauern sammelten uns in Körben und schleppten uns nach Hause. Die Frauen kochten uns über dem Feuer. Alle probierten das neue Gericht. Wir schmeckten ihnen gut. Sie wurden satt und waren sehr zufrieden mit uns.

22. Einige von uns wurden für die Saat im nächsten Jahr beiseite gelegt. Ein paar besonders schöne waren als Geschenk für die Könige in den Nachbarländern gedacht. Auch sie sollten die Kartoffeln kennen lernen. Der Rest von uns sorgte dafür, dass in der nächsten Zeit niemand hungern musste.

Lernwerkstatt „Kartoffel" - Bestell-Nr. 11 004

11 004

23. Ein Korb wurde mit kostbarer Seide ausgelegt. Einige Kars und Toffeln durften darin nach Frankreich und Deutschland reisen. Ein königlicher Bote begleitete uns. Wieder eine weite Reise!

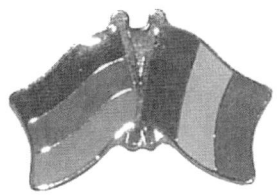

Lernwerkstatt „Kartoffel" - Bestell-Nr. 11 004

24. Bei der Ankunft in Deutschland nahm man uns zunächst mit vielen Zweifeln auf. Man pflanzte uns in die vornehmen Gärten der Fürsten und Hofleute. Sie erfreuten sich an unseren Blüten. Doch wir Knollen in der Erde wurden vergessen. „Hallo!", riefen wir. Doch keiner hörte uns. So wuchsen wir einige Jahre einfach wild dahin.

11 004

Lernwerkstatt „Kartoffel" - Bestell-Nr. 11 004

25. Im Jahre 1740 wurde Friedrich der Große König in Preußen. Man nannte ihn den „Alten Fritz", und der verstand uns Kartoffeln. Er sorgte sich um sein Volk und kümmerte sich um Schulen, Kunst und die Landwirtschaft.

26. Friedrich der Große befahl seinen Bauern den Anbau von Kartoffeln. Lustlos und schlecht gelaunt machten sich die Landleute ans Werk. Na, die würden noch staunen, wenn es an die Ernte ging!

(Gemälde von Robert Warthmüller aus dem Jahre 1886,
der König kontrolliert den Kartoffelanbau)

Lernwerkstatt „Kartoffel" - Bestell-Nr. 11 004

KOHL VERLAG

27. Die Bauern waren nicht von uns Kartoffeln überzeugt. Aber sie konnten dem König ja schlecht widersprechen. So legten sie uns ziemlich lieblos in den Boden.

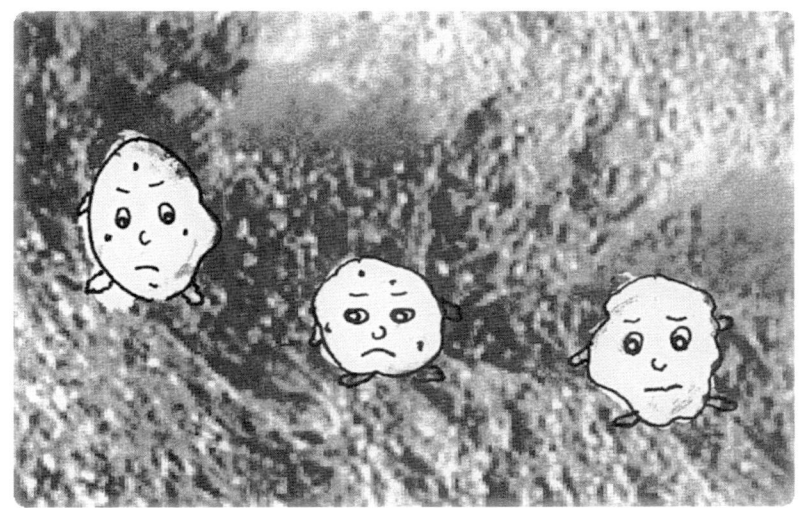

28. Wir taten unsere Pflicht und zeigten hübsche Blüten und grüne Beeren. Doch als das Kraut zu welken begann, dachten die Bauern: „Wir hatten recht. Was soll ein solches Feld noch an Ernte bringen?"

29. Auf Befehl des Alten Fritz wurde das Feld umgegraben. Zum Vorschein kamen wir, die frischen, gelben Kars und Toffeln. Die Bauersfrauen kochten uns. Dazu gab es Gemüse oder Fleisch. Wir schmeckten einfach prima. Die ganze Familie mit Knechten und Mägden wurde gut satt.

„Die Kartoffelesser", gemalt von Vincent van Gogh im Jahre 1895

30. So wurden wir auch in Deutschland bekannt. Da wir viele Leute vor der Hungersnot bewahrten, wurden wir bald sehr geschätzt.
Nun sind Kar und Toffel vom vielen Erzählen aber schon richtig müde!

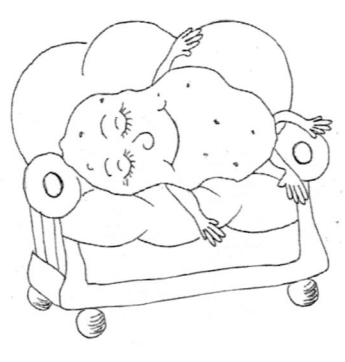
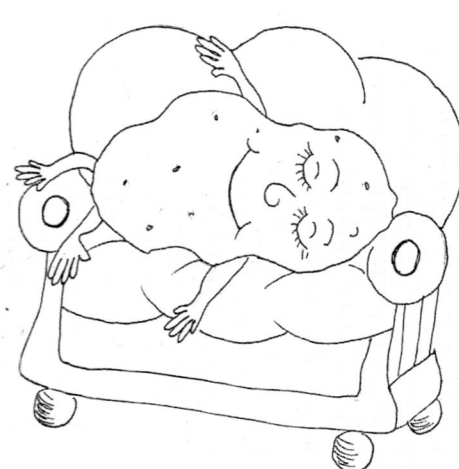

Lernwerkstatt „Kartoffel" - Bestell-Nr. 11 004

11 004

I. Die Geschichte der Kartoffel

Aufgabe 1: *Hast du gut zugehört? Dann merkst du sicher gleich, was an der Geschichte hier nicht stimmt. Korrigiere die Sätze auf den Linien.*

EA

a) Kar und Toffel erzählen von ihrer Heimat Nordamerika.

_____

b) Die Inkas in Südamerika züchteten Kamele und Pferde.

_____

c) Im 13. Jahrhundert kamen fremde Menschen mit dunkler Hautfarbe zu uns.

_____

d) Wir lagen auf dem Schiff in der Sonne. Da wir aber Licht und Sonne gar nicht mögen, bekamen wir blaue Flecken.

_____

_____

e) Unser Flugzeug geriet in einen Sturm.

_____

f) Endlich landeten wir in Frankreich.

_____

g) Wir wuchsen schnell, weil es hier kälter war als in unserer Heimat.

_____

h) Nach den hellen Blüten bildeten wir rote Beeren.

_____

i) Die Vaterknolle war schrumplig und weiß geworden.

_____

j) In Deutschland kümmerte sich Friedrich der Große, genannt der Große Fred, um uns Kartoffeln.

_____

_____

Lernwerkstatt KARTOFFEL
Alles Wissenswerte über die tolle Knolle   –   Bestell-Nr. 11 004
KOHL VERLAG

II. Die Kartoffelpflanze

Aufbau der Kartoffelpflanze

Aus der Saatkartoffel (= Mutterknolle) entwickeln sich die Triebe. Die Triebe über der Erde bilden Stängel, Blätter und Blüten. Aus den Blüten entwickeln sich die Beeren. Sie sind die Früchte der Kartoffel. Sie sind giftig, es wird einem ganz schön übel davon! Die Triebe unter der Erde bilden Wurzeln und Knollen. Durch die Wurzeln nimmt die Pflanze Nährstoffe auf. Die Knollen sind unsere Kartoffeln, die wir essen!

EA

Aufgabe 1: *Beschrifte die Kartoffelpflanze mit den passenden Begriffen.*

alte Knolle (Mutterknolle), Wurzel, Stängel, neue Kartoffel, Blüte, Blatt, Beeren

a) _____

e) _____

f) _____

b) _____

c) _____

g) _____

d) _____

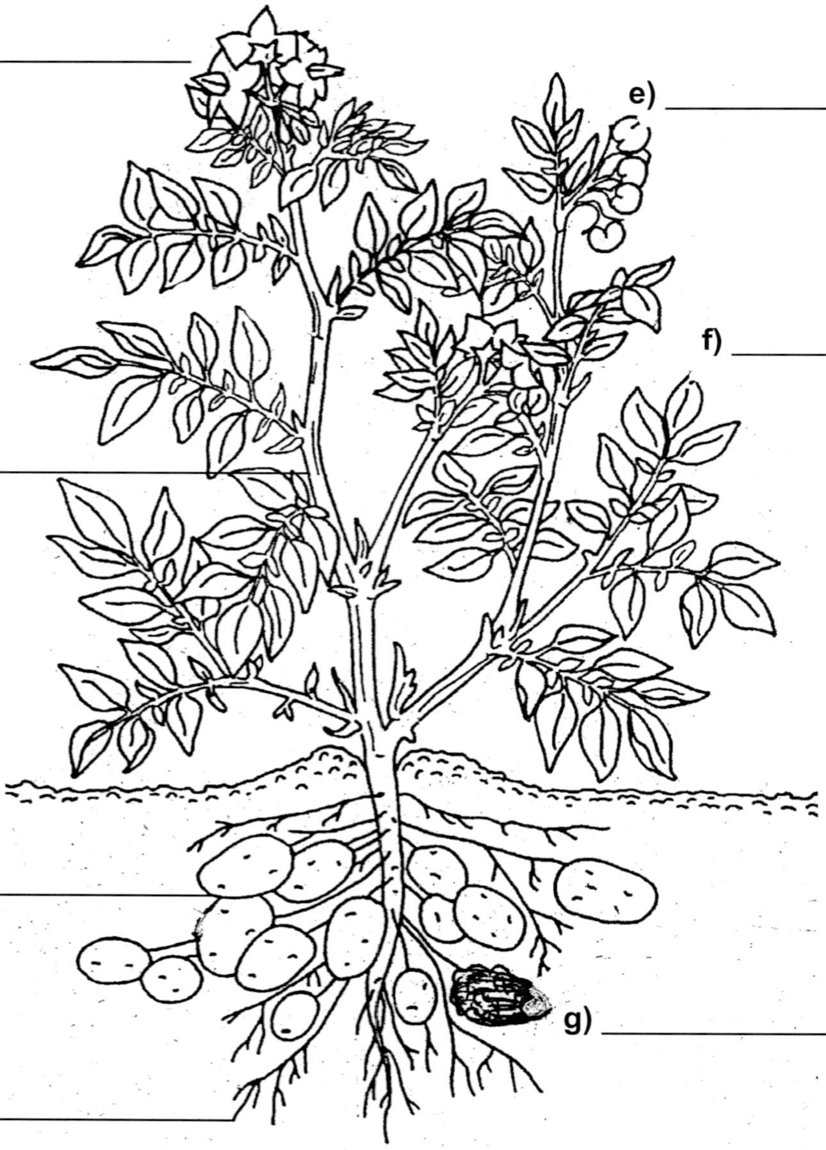

Lernwerkstatt KARTOFFEL
Alles Wissenswerte über die tolle Knolle   –   Bestell-Nr. 11 004

KOHL VERLAG

II. Die Kartoffelpflanze

Kartoffelrätsel

EA

Aufgabe 2:
- *Setze die richtigen Wörter ein! Das Lösungswort nennt den Namen der Frucht unter der Erde.*
- *Male das Bild anschließend bunt aus!*

a) Die Pflanze heißt ... .
b) Daran wachsen die Blätter und Früchte.
c) Die mögen alle Leute gerne!
d) Sie ist ganz unten in der Erde.
e) Sie ist weiß bis rosa.
f) Die kann man nicht essen, sie ist giftig!

Ä = Ä
Ü = Ü

a)
b) G
c) P
d) Z
e) B
f) E

Lernwerkstatt KARTOFFEL
Alles Wissenswerte über die tolle Knolle – Bestell-Nr. 11 004
KOHL VERLAG
Lernen und Erfolg

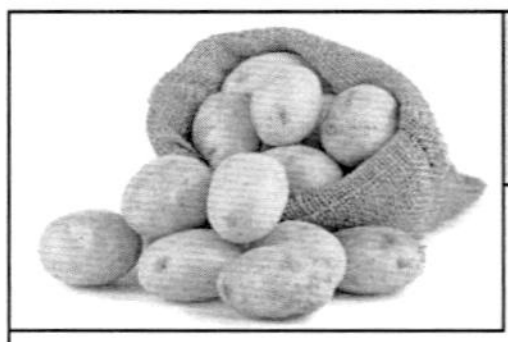

II. Die Kartoffelpflanze

Vom Pflanzen bis zur Ernte

EA

Aufgabe 3: *Male die Bilder an und lies dir die Entwicklung der Kartoffel sorgsam durch. Dann kannst du das darauffolgende Arbeitsblatt in Angriff nehmen.*

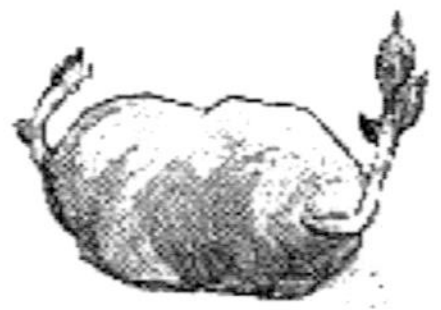	Die keimende Saatkartoffel wird im Frühjahr etwa 10 cm tief in die Erde gesetzt. Wenige Wochen später wachsen kleine Triebe aus den Kartoffeln.
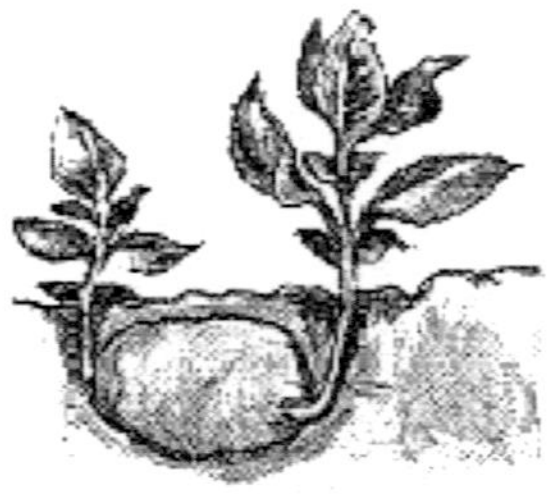	Einige Triebe durchbrechen die Erde und werden zur Kartoffelpflanze.
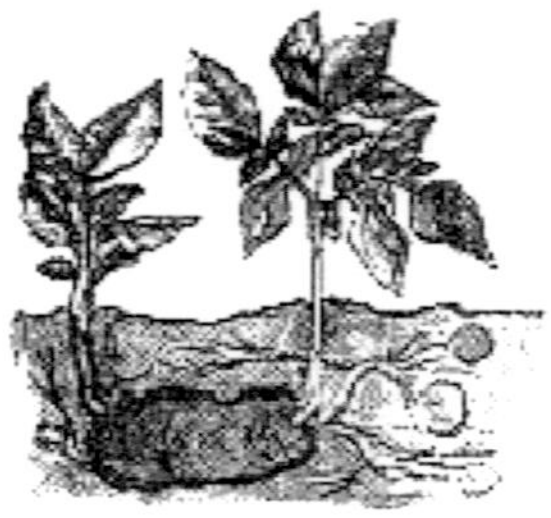	Unter der Erde wachsen Triebe und Wurzeln. Am Ende der Triebe unter der Erde bilden sich die neuen Kartoffeln. Damit sie besser vor Licht geschützt sind, wird um die Pflanze Erde angehäufelt.
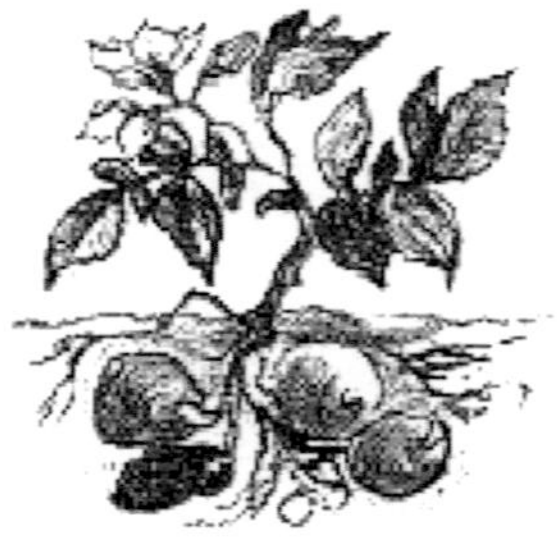	Die Pflanze wächst schnell. Die Saatkartoffel schrumpft. Im Sommer blüht die Kartoffelpflanze. Später entwickeln sich aus den Blüten kleine, grüne, giftige Beeren.
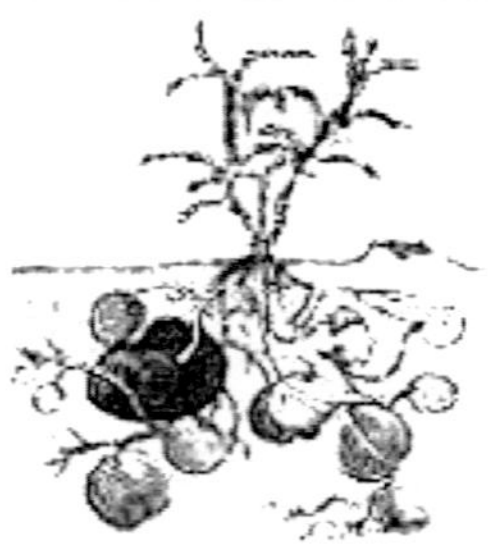	Im Herbst verdorrt die Kartoffelpflanze. Nun sind die Knollen unter der Erde reif und können geerntet werden.

Lernwerkstatt KARTOFFEL
Alles Wissenswerte über die tolle Knolle – Bestell-Nr. 11 004
KOHL VERLAG

II. Die Kartoffelpflanze

Aufgabe 4:
EA

Schneide die Bilder aus.

- Schneide die Bilder aus.
- Bringe sie in die richtige Reihenfolge.
- Klebe sie auf ein Blatt.
- Beschreibe mit deinen Worten, wie die Pflanze sich entwickelt.

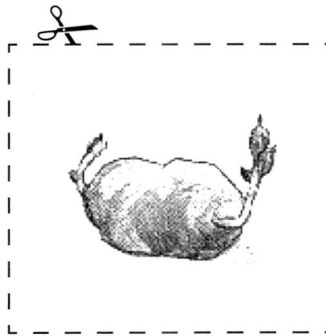

Aufgabe 5: *Im Buchstabengitter haben sich 12 Begriffe versteckt, die auf dem vorhergehenden Arbeitsblatt vorkommen. Markiere sie mit einem Textmarker und schreibe sie heraus.*

F	R	B	L	Ü	T	E	N	G	K	V	E	R	F
A	X	E	V	T	Z	H	E	L	N	N	Z	B	G
G	S	A	A	T	K	A	R	T	O	F	F	E	L
P	G	E	R	S	U	K	D	F	L	R	B	E	H
F	T	A	D	E	O	V	E	E	L	Ü	R	R	U
L	G	R	F	E	M	J	C	E	H	F	E	N
A	R	L	I	C	H	T	M	G	N	J	T	N	O
N	T	J	Z	E	X	E	D	E	G	A	G	S	L
Z	Z	S	E	D	B	A	G	J	R	H	I	E	P
E	N	W	U	R	Z	E	L	N	K	R	K	C	Ü
G	R	E	B	R	H	E	R	B	S	T	J	F	A

Lernwerkstatt KARTOFFEL — Bestell-Nr. 11 004
Alles Wissenswerte über die tolle Knolle
KOHL VERLAG

II. Die Kartoffelpflanze

Wie die Kartoffel wächst

Wenn zu eurer Schule ein Schulgarten gehört, könnt ihr selber Kartoffeln pflanzen und die Entwicklung beobachten! (eine Kartoffel lässt sich auch in einem großen Blumentopf züchten!) Führt dazu dieses Protokollblatt.

Aufgabe 6: *Setzt das Datum ein und fügt die Wörter zu einem sinnvollen Satz zusammen.*

EA

Datum	Entwicklung
___ Mai	Die setzen wir Kartoffeln
___	Pflänzchen die ersten sehen zu sind
___	20 Zentimeter schon sind die Pflanzen hoch etwa
___	Erde häufeln an die Pflanzen wir mit
___	Die ist erste Blüte da
___	Alle auf Beet unserem Pflanzen blühen
___	Grünen Beeren entdecken die wir Das Früchte der sind Kartoffel die
___	Die braun verdorren werden Pflanzen und
___	Kartoffeln unsere ernten wir

Lernwerkstatt KARTOFFEL
Alles Wissenswerte über die tolle Knolle – Bestell-Nr. 11 004

KOHL VERLAG

II. Die Kartoffelpflanze

Kartoffelanbau früher und heute

Die Kartoffel konnte früher ohne besondere Werkzeuge angebaut werden. Eine einfache Hacke reichte, um das Pflanzloch zu graben, die Pflanzen anzuhäufeln und später auch zu ernten. Daher wird die Kartoffel oft auch als Hackfrucht bezeichnet.

Die Kartoffeln, die für die Saat bestimmt sind, werden im Winter kühl gelagert. Etwa einen Monat vor der Pflanzung werden sie auf ca. 10 Grad C erwärmt. Nun bilden sie die ersten Triebe. Man sagt, sie keimen.

Die Pflanzmaschine schafft heute vieles in einem Arbeitsgang: Sie lockert den Acker auf und zieht Furchen in den Boden. Die Kartoffeln fallen durch einen Trichter einzeln in die Furchen. Zwei Metallscheiben schieben die Erde so zusammen, dass ein Damm (Hügel) entsteht. So braucht man später die Pflanzen nicht mehr anzuhäufeln. Diese Arbeiten musste der Bauer früher mit seinen Knechten verrichten.

EA

Aufgabe 7: *Diese Arbeiten musste der Bauer früher mit seinen Knechten verrichten. Bringe die Arbeiten in die richtige Reihenfolge. Schreibe die Nummern von 1-8 in die Kästchen.*

Die Kartoffeln vorkeimen lassen ☐	Pflanzlöcher graben (Furchen ziehen) ☐	Die Kartoffeln in den Boden legen ☐	Unkraut jäten ☐
Das Pflanzloch (die Furche) schließen ☐	Den Acker vorbereiten, Boden lockern ☐	Die Pflanzen anhäufeln ☐	Die Kartoffeln ausgraben und aufsammeln ☐

EA

Aufgabe 8: *Beschreibe, wie die Kartoffeln heute gepflanzt werden. Schreibe in dein Heft.*

Lernwerkstatt KARTOFFEL
Alles Wissenswerte über die tolle Knolle   –   Bestell-Nr. 11 004

KOHL VERLAG

II. Die Kartoffelpflanze

Die Kartoffelernte

Mit großen Gabeln hoben die Bauern die Kartoffeln aus der Erde. Kurze Zeit blieben die Kartoffeln auf dem Feld zum Trocknen liegen. Dann wurden sie eingesammelt und in Säcke oder große Körbe gefüllt. Es war eine sehr mühsame Arbeit. Oft mussten die Kinder helfen. Dafür bekamen sie „Kartoffelferien". Heute habt ihr Herbstferien, und keiner sammelt mehr Kartoffeln auf, oder?

Jahrhunderte lang wurden Kartoffeln von Hand geerntet. Schließlich erfand man den ersten Kartoffelroder. Er wurde von Pferden gezogen. Eine Spindel drehte sich und warf die Kartoffeln zur Seite. Aufsammeln musste man sie aber trotzdem noch!

Heute sind Maschinen im Einsatz, die in einem Arbeitsgang die Knollen einsammeln und Erde und Kraut auf das Feld zurückwerfen. Dann füllt eine Sortiermaschine die Knollen nach Größe geordnet in Säcke. Nur die grünen Knollen müssen noch von Hand aussortiert werden.

EA

Aufgabe 9: *Beantworte die folgenden Fragen in vollständigen Sätzen.*

a) Wie wurden Jahrhunderte lang Kartoffeln geerntet?

_____

_____

b) Welche Maschinen brachten Hilfe bei der Ernte?

_____

_____

c) Wie nannte man früher die Herbstferien? Und warum?

_____

_____

d) Was muss man heute noch „von Hand" machen bei der Kartoffelernte?

_____

Lernwerkstatt KARTOFFEL
Alles Wissenswerte über die tolle Knolle – Bestell-Nr. 11 004

KOHL VERLAG

II. Die Kartoffelpflanze

Wer kennt die Kartoffelkiste?

Früher gab es keine Kühlschränke. Und auch keine Supermärkte, wo man täglich frisches Obst und Gemüse kaufen konnte. Aber man hatte einen Vorratskeller. Der musste kühl, dunkel und trocken sein. Dort lagerten Äpfel, Kohl, eingekochtes Obst und Gemüse und auch die Kartoffeln in der Kiste.

Sie müssen vor dem Einkellern trocken sein, sonst faulen sie schnell. Wenn sie zu viel Licht abbekommen, bilden die Kartoffeln grüne Flecken. Diese enthalten das giftige Solanin. Ist es zu warm, beginnen die Kartoffeln zu keimen. Das wollen wir aber im Winter gar nicht!

Je nach Anzahl der Familienmitglieder wurden im Herbst nach der Kartoffelernte mehrere Zentner Kartoffeln in der Kartoffelkiste eingelagert.

Aufgabe 10: *Frage deine Großeltern, was deren Eltern (also deine Urgroßeltern) alles im Vorratskeller eingelagert hatten. Schreibe es hier auf.*

EA

_____

_____

_____

Aufgabe 11: *Wie viele Kilogramm ergeben einen Zentner?*

EA

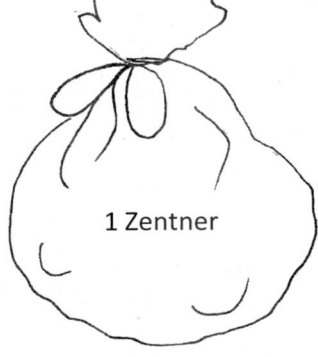

1 Zentner

_____

_____

Aufgabe 12: *Wie oft findest du das Wort „Kartoffel" auf dieser Seite?*

EA

_____ mal

Lernwerkstatt KARTOFFEL
Alles Wissenswerte über die tolle Knolle — Bestell-Nr. 11 004

KOHL VERLAG

II. Die Kartoffelpflanze

Das Kartoffelfeuer

Abschluss und Höhepunkt des Erntejahres war früher das Kartoffelfeuer. An einem schönen Spätherbsttag nach der Kartoffelernte ging die ganze Familie auf das Feld, um das Kartoffelkraut zusammen zu rechen. Bei dieser Arbeit kamen noch Kartoffeln zum Vorschein, die während der Ernte übersehen worden waren. Diese wurden beim Verbrennen des Krautes in der Glut gebacken. Besonders für die Kinder war es immer ein großer Augenblick, wenn dann die ersten heißen Kartoffeln aus dem Feuer herausgeholt wurden!

Aufgabe 13: *Erkläre, warum die Kartoffelernte früher – besonders für die Bauern und die armen Leute – so wichtig war.*

EA

Aufgabe 14: *Warum rechte man das Kartoffelkraut erst im Spätherbst, also schon einige Zeit nach der Ernte zusammen?*

EA

Aufgabe 15: *Stell dir vor, du bist ein Bauernkind. Heute bist du zum ersten Mal beim Kartoffelfeuer dabei. Verfasse einen Erlebnisbericht dazu. Schreibe in dein Heft.*

EA

Lernwerkstatt KARTOFFEL
Alles Wissenswerte über die tolle Knolle – Bestell-Nr. 11 004
KOHL VERLAG

II. Die Kartoffelpflanze

Ein Kartoffelelfchen

> Gelb
> Die Kartoffel
> Eine leckere Knolle
> Ich koche sie zu
> Kartoffelpuffer

Ein Elfchen besteht aus elf Wörtern,
die in folgender Reihenfolge angeordnet sind:

1. Zeile	1 Wort	Eine Eigenschaft (Adjektiv)
2. Zeile	2 Wörter	Wer hat diese Eigenschaft?
3. Zeile	3 Wörter	Was macht er? Wo ist er?
4. Zeile	4 Wörter	Ein Ich-Satz
5. Zeile	1 Wort	Ein Wort, was zu dem ganzen Elfchen passt

EA

Aufgabe 16: *Verfasse ein Elfchen.*

    a) Denke an die Kartoffel. Suche Wörter, die du für ein Elfchen
    verwenden kannst.

1. Zeile: ✏ dick ...

2. Zeile: die Knolle ...

3. Zeile: wird fleißig geerntet ...

4. Zeile: Wir lieben die Kartoffel ...

5. Zeile: Erntezeit ...

    b) *Dichte nun mit deinen Wörtern eigene Elfchen. Beachte dabei die Regeln.*

Zeile 1	
Zeile 2	
Zeile 3	
Zeile 4	
Zeile 5	

Lernwerkstatt KARTOFFEL
Alles Wissenswerte über die tolle Knolle   –   Bestell-Nr. 11 004

KOHL VERLAG

II. Die Kartoffelpflanze

Der Kartoffelkäfer

Auch der Kartoffelkäfer ist aus Amerika zu uns gekommen. Er ist etwa 1 Zentimeter groß und hat gelbe Flügel mit schwarzen Streifen. Er ernährt sich von den Blättern der Kartoffelpflanze. Er ist sehr gefräßig und vermehrt sich schnell. Die Käfer können ganze Kartoffelfelder kahl fressen. Und dann wachsen auch im Boden keine Knollen mehr! Früher wurden die Käfer eingesammelt und vernichtet. Die Kinder bekamen schulfrei, damit sie ihren Eltern dabei helfen konnten.

Die Weibchen der Kartoffelkäfer können mehr als 2500 Eier legen. Sie legen die Eier an der Unterseite der Kartoffelblätter ab. Daraus schlüpfen die orangen Larven. Auch sie ernähren sich von den Blättern der Kartoffelpflanze.

EA

Aufgabe 17: *Beschrifte die folgende Zeichnung mit den passenden Begriffen.*

Kartoffelkäfer – Eier des Kartoffelkäfers – angefressene
Blätter – Blüten – Knollen – Stängel – Wurzeln – Larven

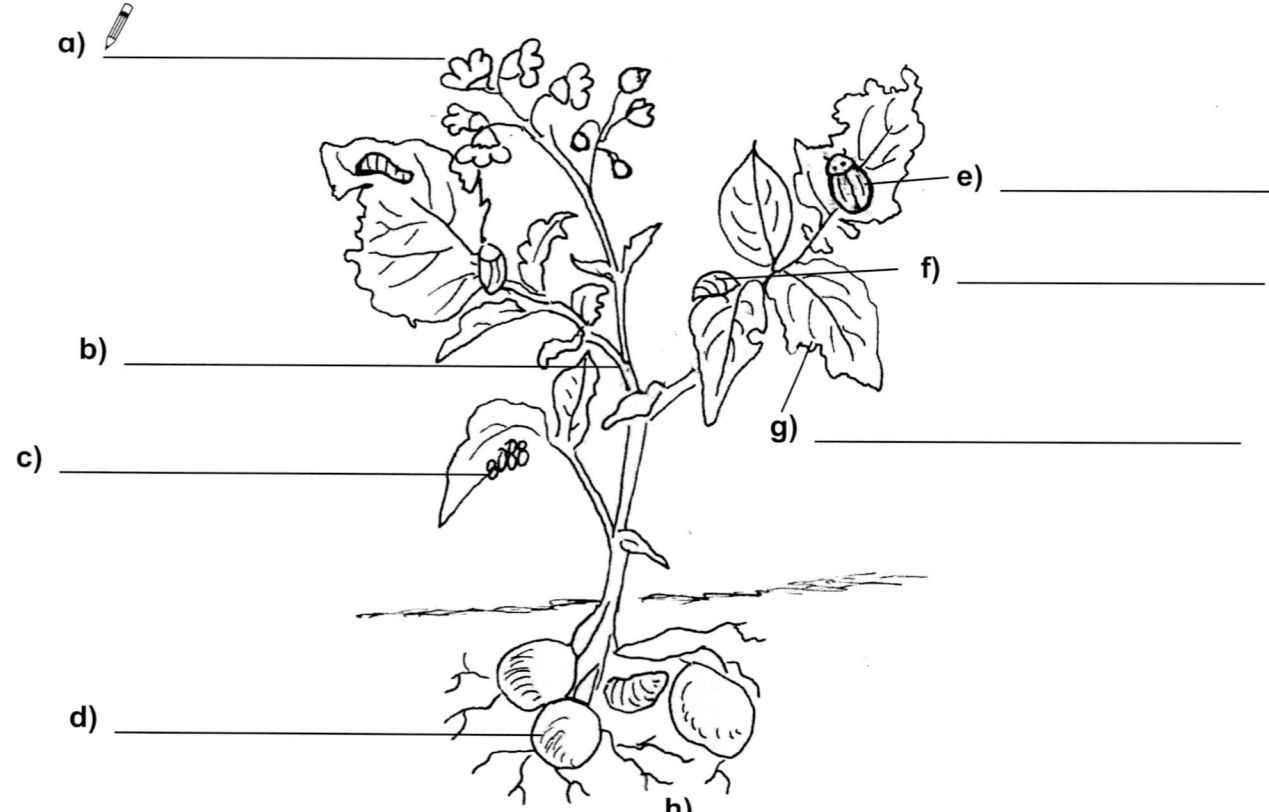

a) _____

b) _____

c) _____

d) _____

e) _____

f) _____

g) _____

h) _____

Lernwerkstatt KARTOFFEL
Alles Wissenswerte über die tolle Knolle   –   Bestell-Nr. 11 004

KOHL VERLAG

EA

Aufgabe 18: **a)** *Setze bei dem Gedicht „Der Kartoffelkäfer"*
von Josef Guggenmos die fehlenden Reimwörter ein.

kraut – los – Rippen – sie – her – an – Knollen – kraut – hin – geh'n

Der Kartoffelkäfer

(Josef Guggenmos)

Der Kartoffelkäfer, der
surrt im Frühling fröhlich _____.
Denn hier wächst, so weit man schaut,
Kartoffelkraut, Kartoffel_____.

An einem frischen Blatte dann
fängt er gleich zu knabbern _____.
Doch statt nur daran zu nippen,
frisst er's kahl bis auf die _____.

Und nun geht's erst richtig los.
Der Käfer bleibt nicht kinder_____.
Kinder kommen, Kinder wie
Sand am Meer. Jetzt fressen _____.

Jetzt fressen sie, wohin man schaut,
Kartoffelkraut, Kartoffel_____.
Die Stauden, erst so herrlich grün,
sie werden kahl, sie schwinden _____.

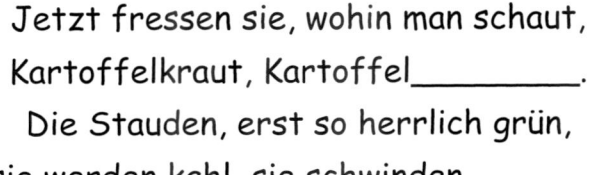

Der Bauer schreit: „Was muss ich seh'n?
Gleich wird's euch an den Kragen _____!"
Wenn ihr so weitermacht, wie sollen
im Boden wachsen dicke _____?"

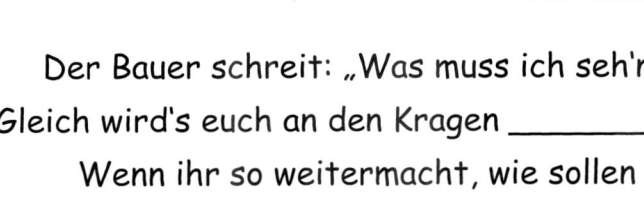

b) *Na, wer ist der „richtige" Kartoffelkäfer? Male ihn bunt an.*

Lernwerkstatt KARTOFFEL
Alles Wissenswerte über die tolle Knolle   –   Bestell-Nr. 11 004

III. Was so alles in der Knolle steckt

Woraus eine Kartoffel besteht

Die Kartoffelknolle enthält 78 % Wasser. 15 % sind Kohlenhydrate (Stärke). Der Rest besteht aus Ballaststoffen, Eiweiß, Mineralstoffen, Spurenelementen, Vitaminen und ganz wenig Fett.

EA

Aufgabe 1: *Setze die folgenden Begriffe an den passenden Stellen in den Lückentext ein.*

> Stärke – Ballaststoffe – Mineralstoffe – Fett – Wasser – Vitamin C – Eiweiß

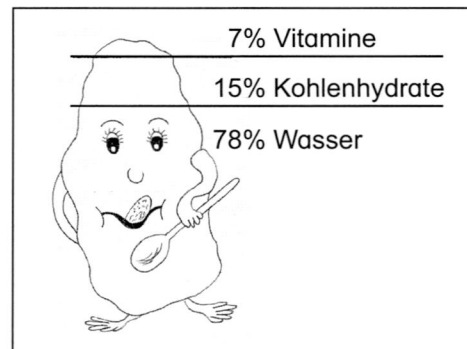

7% Vitamine
15% Kohlenhydrate
78% Wasser

Die Kartoffel besteht vor allem aus _____ und _____.

Weil die Stärke im Körper ganz langsam abgebaut wird, hält die Kartoffel lange

satt. Außerdem enthält sie _____ , _____ ,

_____ , _____ und die _____ Kalium

und Magnesium.

Die Kartoffel und ihre Schale – ein Wiegeversuch

Wir wollen beweisen, dass die Kartoffelschale dazu dient, die Feuchtigkeit in der Knolle zu speichern. Dazu brauchen wir eine geschälte und eine ungeschälte Kartoffel. Beide werden an drei Tagen gewogen. Natürlich brauchen wir auch eine Küchenwaage.

	1. Tag	2. Tag	3. Tag	Gewichtsunterschied
Geschälte Kartoffel				
Ungeschälte Kartoffel				

EA

Aufgabe 2: *Erkläre das Ergebnis auf der Blattrückseite oder schreibe ins Heft.*

Lernwerkstatt KARTOFFEL
Alles Wissenswerte über die tolle Knolle – Bestell-Nr. 11 004

KOHL VERLAG

III. Was so alles in der Knolle steckt

Stärke-Nachweis in der Kartoffel

Mit Jodlösung kann man Stärke in einem Lebensmittel nachweisen. Lebensmittel, die Stärke enthalten, verfärben sich nach dem Auftragen der Lösung dunkelblau.

PA

Versuch: *Für den Versuch zum Nachweis von Stärke in der Kartoffel benötigt ihr:*

- eine Gurkenscheibe
- eine Apfelscheibe
- eine Kartoffelscheibe
- ein Stück Brot
- die Jodlösung

So geht es:

Legt die Kartoffel-, Brot-, Gurken- und Apfelscheibe (jeweils 0,5 cm dick) auf Küchenpapier oder einen Teller. Gebt auf jede einige Tropfen der Jodlösung. Beobachtet.

Tragt in der Tabelle die Farbe und den Stärkenachweis ein.

+ *bedeutet ja, Stärke nachgewiesen, positiv.*
– *bedeutet nein, keine Stärke nachgewiesen, negativ.*

Probe	Kartoffel	Brot	Gurke	Apfel
Farbe nach der Zugabe der Jodlösung				
Stärkenach-weis (+ oder –)				

In Kartoffeln und Brot lässt sich Stärke nachweisen, in Gurke und Apfel nicht.

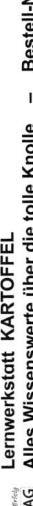

Lernwerkstatt KARTOFFEL
Alles Wissenswerte über die tolle Knolle – Bestell-Nr. 11 004

III. Was so alles in der Knolle steckt

Kartoffelsorten und Kartoffelnamen

Speisekartoffeln unterscheiden wir nach ihren Kocheigenschaften. Es gibt festkochende, vorwiegend festkochende und mehlige Kartoffelsorten. Deutsche Kartoffeln sind mit einem farbigen Streifen auf der Verpackung gekennzeichnet.

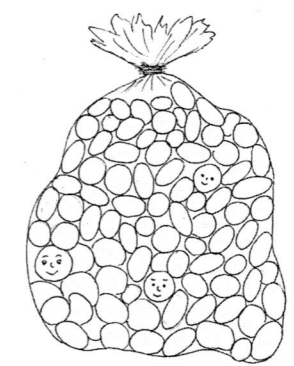

Farbe	Kartoffelart	Verwendung	
grün	festkochende Kartoffeln	Bratkartoffeln, Kartoffelauflauf, Kartoffelsalat, Kartoffelpuffer	
rot	vorwiegend festkochende Kartoffeln	Pellkartoffeln, Bratkartoffeln, Salzkartoffeln, Pommes frites	
blau	mehlige Kartoffeln	Kartoffelpüree, Kartoffelklöße, Eintöpfe, Suppen	

Wir unterscheiden frühe und späte Kartoffelsorten. Die frühen Knollen sollte man gleich genießen, die späten Sorten können über den Winter gelagert werden.

EA

Aufgabe 3: a) *Lara, Nicola, und Sieglinde sind nur 3 von circa 5000 Kartoffelnamen auf der Welt. Finde weitere.*

_____

b) *Was sagt die Bezeichnung „Handelsklasse" aus?*

_____

c) *Welche Angaben findest du auf der Verpackung? Kreuze an:*

☐ Herkunftsland   ☐ Reisedatum   ☐ Name der Sorte

☐ Anzahl der Knollen   ☐ Gewicht   ☐ Kochart (mehlig ...)

Lernwerkstatt KARTOFFEL
Alles Wissenswerte über die tolle Knolle – Bestell-Nr. 11 004
KOHL VERLAG

III. Was so alles in der Knolle steckt

Kartoffelwörter

EA

Aufgabe 4: • *Bilde zusammengesetzte Nomen (Substantive). Schreibe sie mit dem bestimmten Artikel in die Tabelle! Beachte die Spalten der - die - das.*

• *Findest du noch mehr Kartoffelwörter?*

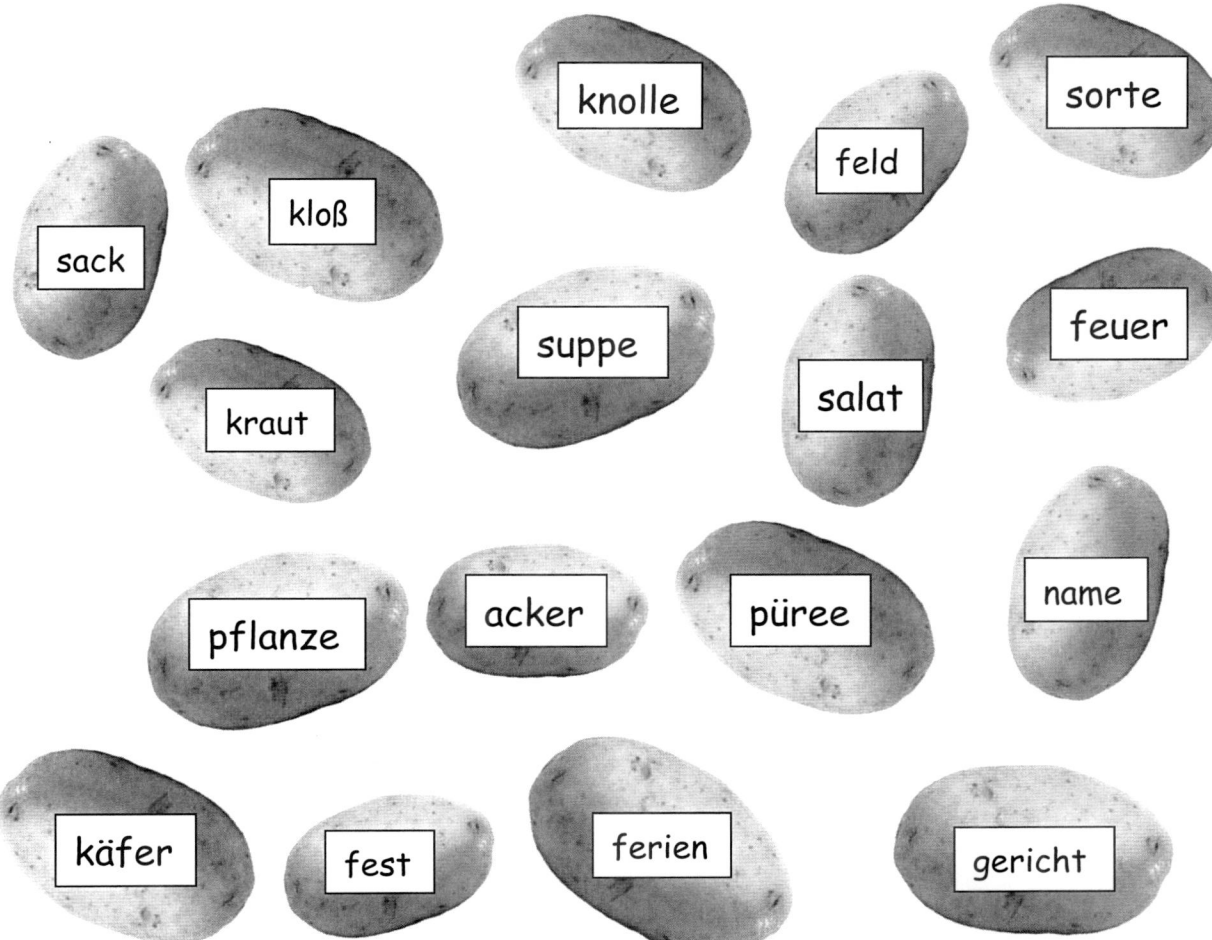

knolle

sorte

feld

kloß

sack

feuer

suppe

salat

kraut

pflanze

acker

püree

name

käfer

fest

ferien

gericht

der	die	das
der Kartoffelsack	...	

Lernwerkstatt KARTOFFEL
Alles Wissenswerte über die tolle Knolle — Bestell-Nr. 11 004
KOHL VERLAG

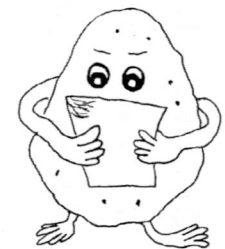

Das Kartoffelgerichte-Wochenlied

Das Kartoffel-Gerichte-Wochenlied

Das Lied wird nach der Melodie
„Auf der Schwäb'schen Eisenbahn" gesungen

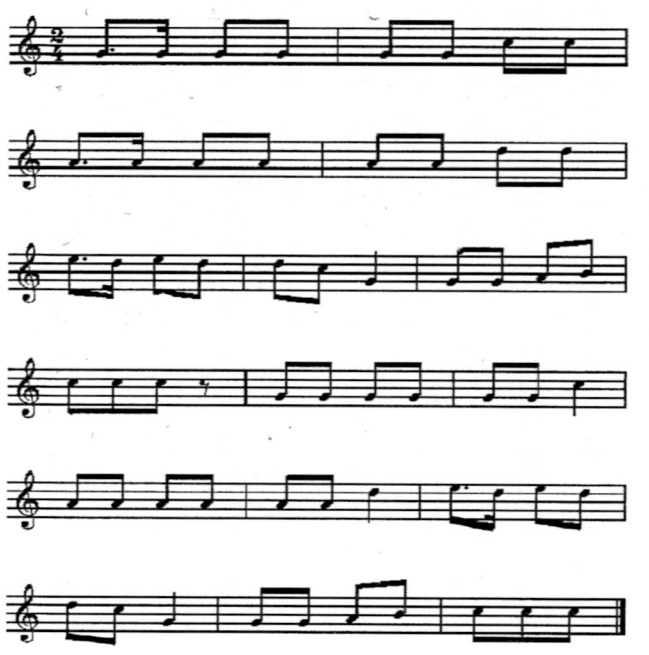

1. Einstmals hat der Alte Fritze,
das sind keine faulen Witze,
streng befohlen: „Jedermann
baut sofort Kartoffeln an!

2. Alle Menschen, groß und kleine,
leben nicht vom Brot alleine,
auch Kartoffeln müssen sein,
denn die schmecken immer fein.

3. Montags weiß ich, was ich koche,
Es ist der erste Tag der Woche,
montags gibt's Kartoffelbrei,
Speck und Zwiebeln auch dabei.

4. Dienstags muss ich Euch vertellen*,
muss ich die Kartoffel pellen,
dienstags schmeckt uns delikat
die Kartoffel als Salat.

5. Mittwochs wollen wir versuchen
den Kartoffel-Reibekuchen
mittwochs steh'n auf unserm Tisch
Kartoffelpuffer, kross und frisch.

6. Donnerstag, da mach' ich Klöße,
alle von der gleichen Größe,
donnerstags schmeckt uns famos
die Kartoffel auch als Kloß.

7. Freitags brauch ich die Friteuse,
weil ich drin das Fett auflöse,
freitags gibt's das ist kein Witz,
die Kartoffel als Pommes frites.

8. Samstags essen Ruth und Stoffel
gerne unsere Bratkartoffel
samstags putzen alle weg
Bratkartoffel mit viel Speck.

9. Und am letzen Tag der Woche
ich mal Salzkartoffel koche
sonntags gibt's zum Mittagsmahl
Salzkartoffel - auch einmal.

10. Mancher rühmt mit vielen Worten
auch noch die Kartoffelsorten,
ob sie fest sind oder mehlig,
Namen dafür gibt's unzählig.

11. Drum woll'n wir in vielen Weisen
immer die Kartoffel preisen,
ob in Versen, im Prolog:
Die Kartoffel lebe hoch!!!

* vertellen - erzählen

Lernwerkstatt KARTOFFEL
Alles Wissenswerte über die tolle Knolle – Bestell-Nr. 11 004

EA

Aufgabe 5: *Im Kartoffel-Gerichte-Wochenlied gibt es 7 verschiedene Gerichte. Lies die Strophen 3-9 noch einmal genau durch. Schreibe dann zu jedem Gericht den richtigen Wochentag.*

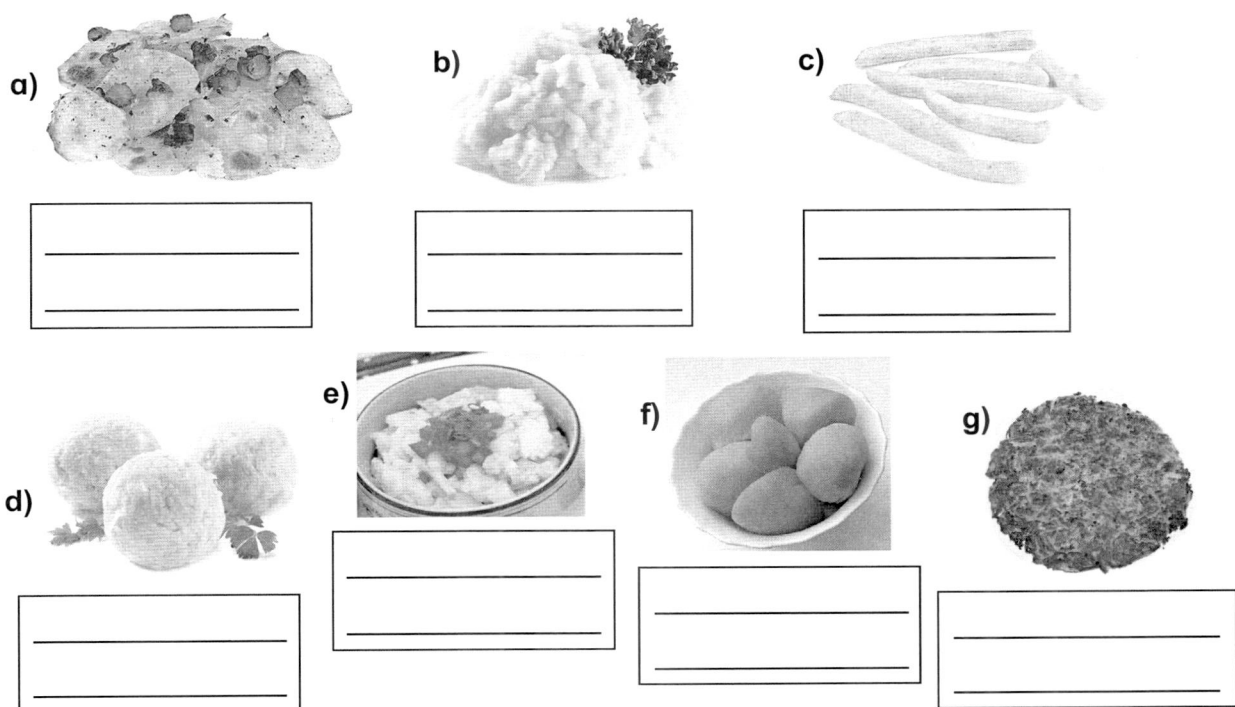

a)

b)

c)

d)

e)

f)

g)

EA

Aufgabe 6: *Male die Schildchen der Kartoffeln mit den richtigen Farben an. (grün - festkochend, blau- ... , rot - ...)*

| Wir enthalten besonders viel Stärke und zerfallen leicht beim Kochen. | Wir bleiben nach dem Kochen schön fest und behalten unsere Form! | Wir eignen uns für fast alle Gerichte! |

EA

Aufgabe 7: *Nun weißt du ja genau Bescheid. Welche Kartoffeln kaufst du, wenn du Kartoffelsalat machen willst? Und welche für ein leckeres Püree? Erkläre deine Wahl.*

Lernwerkstatt KARTOFFEL
Alles Wissenswerte über die tolle Knolle – Bestell-Nr. 11 004
KOHL VERLAG

Die Kartoffel heute

Das Jahr 2008 wurde von den Vereinten Nationen zum „Jahr der Kartoffel" erklärt. Die Kartoffel ist in der ganzen Welt ein wichtiges Grundnahrungsmittel. In der „Dritten Welt" müssen noch viele Menschen hungern. Die Kartoffel braucht nur wenig zum Wachsen. Sie könnte auch dort viele Menschen satt machen.

In der ganzen Welt werden jedes Jahr etwa 300 Millionen Tonnen Kartoffeln geerntet. Bedenke: ein Kleinwagen wiegt etwa eine Tonne!

Aufgabe 8: *Beantworte die folgenden Punkte in vollständigen Sätzen.*

EA

a) Was sind die „Vereinten Nationen"?

_____

_____

b) Was ist ein Grundnahrungsmittel? Welche kennst du noch?

_____

_____

c) Welche Länder zählen zur „Dritten Welt"?

_____

_____

In Deutschland werden in den letzten Jahren weniger Kartoffeln gegessen. Wir greifen immer öfter zu Fertigprodukten (Pommes frites, Kroketten, Rösti, Gnocchi, Kartoffelpüree aus der Tüte ...) und essen auch gerne Reis und Nudeln.

Aufgabe 9: *Welche Kartoffelgerichte mögt ihr?*
Was gibt es bei euch zu Hause? Erzählt.

GA

Lernwerkstatt KARTOFFEL
Alles Wissenswerte über die tolle Knolle – Bestell-Nr. 11 004

KOHL VERLAG

Wie werden Pommes hergestellt?

Geschichte zur Entstehung *(Ob sie wahr ist?)*

Ende des 18. Jahrhunderts schrieb ein Belgier: Die armen Leute fischten im See. Ihren Fang backten sie in Fett aus. Wenn der See im Winter zugefroren war, schnitten die Frauen Kartoffeln in Fischformen und frittierten sie. So entstanden die Pommes frites.

Heute essen wir Pommes frites als Beilage zu Fleisch und Wurst. Dazu mögen wir gerne Ketchup oder Majonnaise. Die Engländer nehmen Essig zu den Fritten. Schon probiert?

EA

Aufgabe 10: *In Amerika wurden Pommes Frites erst durch die Rückkehr der Soldaten aus Europa nach dem Ersten Weltkrieg bekannt. Dort erhielten erhielten die Bezeichnung French Fries. In England werden Pommes Frites dagegen Chips genannt. Auch bei uns sind unterschiedliche Namen für Pommes Frites bekannt. Wie werden sie in eurer Gegend bezeichnet? Berichte.*

So funktioniert die Herstellung:

Große, gelbe Kartoffeln werden in die Fabrik geliefert. Die Kartoffeln werden gewaschen. Die Schale wird mit heißem Dampf gelockert und dann abgeschrubbt.

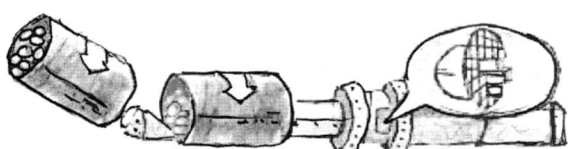

Die Kartoffeln werden durch ein Rastermesser gedrückt. Das sieht aus wie ein Sieb, hat aber ganz scharfe Messer! So entstehen die Kartoffelstäbchen.

In heißem Wasser werden die Stäbchen vorgegart und dann getrocknet. Nun werden sie in heißem Fett frittiert, danach schockgefrostet. Jetzt noch abwiegen, verpacken und ins Tiefkühllager transportieren. Bald kannst du sie im Geschäft kaufen!

Lernwerkstatt KARTOFFEL
Alles Wissenswerte über die tolle Knolle – Bestell-Nr. 11 004
KOHL VERLAG

III. Was so alles in der Knolle steckt

Aufgabe 11: *Erkläre mit deinen Worten, was bei den einzelnen Arbeitsgängen geschieht. Lies dazu den Text auf Seite 45 noch einmal! Zeichne in die rechte Spalte, was mit den Kartoffeln passiert.*

EA

1. Sortieren	
2. Waschen	
3. Schälen	
4. Schneiden	
5. Vorgaren und Trocknen	
6. Frittieren	
7. Schockfrosten (Schockgefrieren)	
8. Abwiegen und verpacken	

Lernwerkstatt KARTOFFEL
Alles Wissenswerte über die tolle Knolle – Bestell-Nr. 11 004

KOHL VERLAG

III. Was so alles in der Knolle steckt

Von der Kartoffel zum Kartoffelchip

Die Geschichte beginnt in Amerika:

Im Jahre 1853 sitzt der Koch George Crum in der Küche seine Hotels und überlegt. Immer wieder hatte der berühmte Gast Mr. Vanderbilt wegen seiner Bratkartoffeln gemeckert. Immer wieder musste er sich anhören, dass diese zu dick geschnitten seien. Und auch heute wurde das Essen, das er Mr. Vanderbilt

servierte, schon zweimal zurück in die Küche geschickt. Crum's „Rache": Er beschloss, die Kartoffeln so dünn zu schneiden, dass Mr. Vanderbilt sie nicht mehr mit der Gabel essen konnte. Aber – Crum's Plan misslang. Mr. Vanderbilt war begeistert von diesen hauchdünnen Chips. Ob George Crum damals geahnt hatte, dass er als Erfinder der Kartoffelchips weltbekannt würde?
1895 wurden die Chips erstmalig verpackt und verkauft. In Deutschland dauerte es fast 100 Jahre, bis die Chips auch hier berühmt und begehrt wurden.

Aufgabe 12: *Beantworte die folgenden Fragen zum Text in vollständigen Sätzen.*

EA

a) Wo und wann wurden Kartoffelchips zum ersten Mal zubereitet?

_____

b) Wann konnte man sie verpackt kaufen?

_____

c) Wann wurden Kartoffelchips auch in Deutschland beliebt?

_____

Übrigens: Ein Rezept, wie ihr euch eure eigenen Chips herstellen könnt, findet sich auf Seite 50.

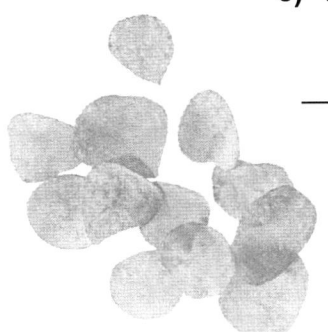

Lernwerkstatt KARTOFFEL
Alles Wissenswerte über die tolle Knolle – Bestell-Nr. 11 004
KOHL VERLAG

III. Was so alles in der Knolle steckt

Die Herstellung von Kartoffelchips in der Fabrik

1 Sortieren, waschen, schälen – den Kartoffeln ergeht es genau wie bei der Pommes-Herstellung.

2 Schneiden: Die Kartoffeln werden in hauchdünne Scheiben geschnitten.

3 Die Scheiben werden noch einmal gründlich gewaschen und auf einem Fließband verteilt.

4 Auf dem Fließband laufen die Scheiben durch eine Fritteuse. Das Wasser in den Kartoffeln verdampft. Die Kartoffeln schrumpfen. Dabei verformen sie sich.

5 In einer großen Trommel werden die Chips mit den verschiedenen Gewürzen gemischt.

6 Nun werden die Chips abgewogen und verpackt. Die Luft in der Tüte sorgt dafür, dass die Chips nicht so schnell zerbrechen.

EA

Aufgabe 13: *Erkläre die folgenden Begriffe mit deinen eigenen Worten.*

Fließband: _____

_____

Fritteuse: _____

_____

Verdampfen: _____

_____

Schockgefrieren: _____

_____

Lernwerkstatt KARTOFFEL
Alles Wissenswerte über die tolle Knolle – Bestell-Nr. 11 004
KOHL VERLAG

IV. Kartoffelrezepte

Die Rezepte-Ecke

Kartoffelsuppe

<u>Ihr braucht</u>:

- 750 g Kartoffeln
- 500 g Möhren
- 2 Esslöffel gekörnte Brühe
- 1 Becher Schmand
- Pfeffer, Salz, Maggi
- 6 Würstchen (in Scheiben geschnitten)
- Petersilie zum Garnieren

- Kartoffeln und Möhren schälen, in Würfel schneiden.

- Brühe in 1 Liter Wasser auflösen.

- Möhren und Kartoffeln zugeben, etwa 15 Minuten kochen.

- Alles pürieren, Schmand unterrühren, Würstchenscheiben zugeben.

- Mit Pfeffer und Maggi abschmecken, mit Petersilie garnieren.

Blechkartoffeln

<u>Ihr braucht</u>:

- 500 g geschälte Kartoffeln
- 500 g geschälte Möhren
- 200 g gewürfelter, durchwachsener Speck
- nach Geschmack Pfeffer und Salz und evtl. Dip Nr. 1 (siehe Kartoffeln mit Dip, nächste Seite)

- Kartoffel-, Möhren- und Speckwürfel gut mischen und mit Salz und Pfeffer würzen.

- Backblech mit Backpapier belegen, Mischung darauf verteilen.

- Bei 200 Grad etwa 20 bis 30 Minuten im Ofen backen.

Lernwerkstatt KARTOFFEL   –   Bestell-Nr. 11 004
Alles Wissenswerte über die tolle Knolle

KOHL VERLAG

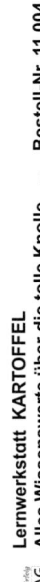

Pellkartoffeln

<u>Ihr braucht:</u>

- etwa 2 kg kleine Kartoffeln (gar kochen, pellen)

Dip 1: Quark-Dip mit Kräutern

- 500 g Quark mit etwas Milch oder Wasser glatt rühren.
- Mit Salz und Pfeffer abschmecken.
- Frische, gehackte Kräuter (Petersilie, Schnittlauch, Dill) zugeben.

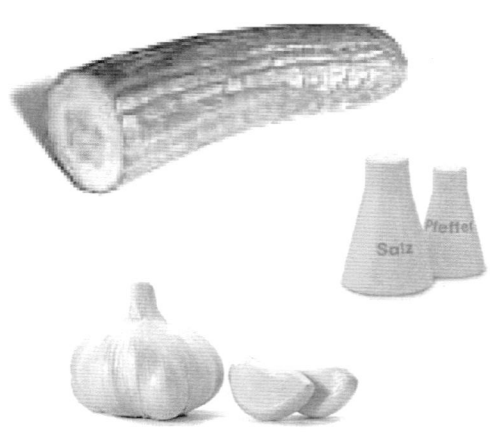

Dip 2: Tzaziki-Dip

- 250 g Jogurt, 1 Becher Schmand, 2-3 Knoblauchzehen (gepresst), eine halbe Gurke (geraspelt), mit Salz und Pfeffer abschmecken und alles gut verrühren

Dip 3: Apfel-Paprika-Dip

- 250 g Quark, 1 Becher Schmand
- 1 EL Senf
- 1 EL Honig,
- Salz, Pfeffer

Alles gut verrühren und abschmecken. 1 Apfel (gewürfelt) und 2 rote Paprikaschoten (gewürfelt) einrühren und gut mischen.

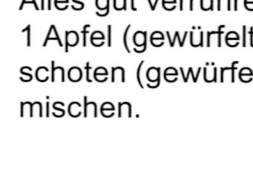

Lernwerkstatt KARTOFFEL
Alles Wissenswerte über die tolle Knolle – Bestell-Nr. 11 004

KOHL VERLAG

IV. Kartoffelrezepte

Kartoffelsalat

Ihr braucht:

- 1 kg Kartoffeln (kochen, pellen, in Scheiben schneiden)
- 1 Zwiebel (fein gewürfelt)
- 3 hart gekochte Eier (gewürfelt)
- ½ Gurke (in Scheiben gehobelt)

Für die Soße:

- 4 EL Öl
- 4-6 EL Essig
- 1-2 TL Salz
- 1 EL Senf

- 1 EL Zucker
- Pfeffer
- 4-6 EL Mayonnaise
- evtl. etwas Milch oder Sahne

Alles vorsichtig vermischen, vielleicht noch mit Petersilie verzieren!

Kartoffelbrötchen

Ihr braucht:

- 500 g Mehl
- 20 g Hefe
- ⅜ l lauwarme Milch
- 250 g Pellkartoffeln
- 40 g Zucker
- 1 Ei
- 1 TL Salz
- 80 g Butter oder Margarine

So geht es:

Mehl in eine Schüssel sieben. In die Mitte eine Grube drücken. Die Hefe in etwas lauwarmer Milch auflösen, in die Grube geben und mit etwas Mehl verrühren. Zudecken und aufgehen lassen. Kartoffeln pellen, durch die Kartoffelpresse drücken. Dann zu dem gegangenen Teig restliche Milch, Zucker, Ei, Salz und Butter und die passierten Kartoffeln geben. Alles zu einem glatten Teig verkneten und an einem warmen Ort zugedeckt gehen lassen. Aus dem gegangenen Teig Brötchen formen. Diese auf ein gefettetes Backblech setzen. Nochmals 10 Minuten gehen lassen. Bei 200 Grad ca. 30 Minuten backen.

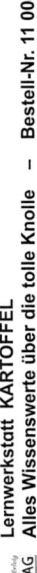

Lernwerkstatt KARTOFFEL
Alles Wissenswerte über die tolle Knolle   –   Bestell-Nr. 11 004
KOHL VERLAG

Kartoffelchips

Ihr braucht:

- viele geschälte Kartoffeln
- Salz, Paprika
- einen Gurkenhobel
- eine tiefe Pfanne oder eine Fritteuse
- Fett zum Frittieren

So geht es:

- Die Kartoffeln auf dem Gurkenhobel
  in ganz dünne Scheiben schneiden.
- Etwa 15 Minuten in kaltes Wasser legen.
- Scheiben abtropfen lassen und gut trocken tupfen.
- Portionsweise in der Fritteuse goldbraun frittieren.
- Nach Geschmack würzen (z.B. mit Salz, Paprika, Chili …)

Fettarme Chips

Die ersten Arbeitsschritte sind die gleichen. Aber statt die Kartoffelscheiben zu frittieren, werden sie ganz dünn mit Öl bestrichen, gewürzt und im Backofen bei 180 Grad 10-20 Minuten gebacken (bis die gewünschte Bräunung erreicht ist, das ist von Herd zu Herd unterschiedlich).

Wer es noch fettärmer mag, kann die Kartoffelscheiben auch einfach auf ein eingefettetes Backpapier legen!

Die „ersten" Pommes

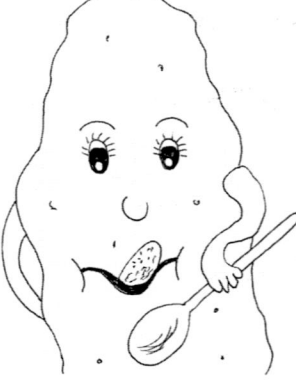

So kannst du ganz einfach die „ersten" Pommes *(siehe S. 45)* selbst machen:

- Die Kartoffeln schälen, waschen, in Scheiben von etwa 1 cm dicke schneiden und auf einem Küchentuch abtrocknen.
- Formen ausstechen.
- Dann in kleineren Portionen – sie müssen frei im Fett schwimmen können – im heißen Fett halbgar backen.
- Sobald sie sich an den Spitzen gelb färben, aus dem Fett nehmen, auf Küchenpapier abtropfen lassen. Sobald sie abgekühlt sind, erneut ins heiße Fett geben und braun und knusprig braten. Der erste Backdurchgang dauert etwa 2-3 Minuten, der zweite eher 5-8 Minuten.

Lernwerkstatt KARTOFFEL
Alles Wissenswerte über die tolle Knolle   –   Bestell-Nr. 11 004

KOHL VERLAG

IV. Kartoffelrezepte

Es gibt viele Möglichkeiten, ein Kartoffelfest zu gestalten. Man kann die anderen Klassen oder auch die Eltern einladen. Der Ort des Geschehens kann ganz unterschiedlich sein: in der Klasse, in der Pausenhalle, auf dem Schulhof ... .

Sinnvoll ist die Einteilung der Schülerinnen und Schüler in 5 bis 6 Gruppen. In der Liste unten können die Gruppen festgelegt werden:

1. Entdecker- gruppe	Stationen der Kartoffel von Südamerika nach Deutschland darstellen. Z. B. Landkarten, Flaggen, Bilder von Schiffen, das Leben der Inkas.				
	Tim	...	...		
2. Geschichts- gruppe	Die Bauern in Deutschland, der Alte Fritz, der Kartoffeltrick... Zu diesen Themen findet sich einiges im Internet!				
3. Forscher- gruppe	Es gibt jede Menge Kartoffelsorten. Es gibt auch lila Kartoffeln, Süßkartoffeln (die sind orange und gar keine Kartoffeln)... Kartoffeln verschiedener Sorten werden mit Namens- schildchen in Eierbechern aufgestellt. Zu den Namen kann man das Herkunftsland und den Verwendungszweck schreiben.				
4. Chemiker- gruppe	Stärke in der Kartoffel nachweisen (siehe Seite 39) Poster über die Zusammensetzung der Kartoffelknolle, malen oder als Collage gestalten				
5. Koch-Gruppe	Kartoffelsalat, Kartoffelbrötchen und Kartoffelchips lassen sich gut vorbereiten und können hier probiert werden. Natürlich liegen auch weitere leckere Rezeptblätter aus.				
6. Sport- und Spiel Gruppe	Die Gruppe organisiert den Kartoffellauf (Anleitung nächste Seite) und trägt das Kartoffelgerichte-Lied vor.				

Lernwerkstatt KARTOFFEL
Alles Wissenswerte über die tolle Knolle – Bestell-Nr. 11 004

Lernen und Erfolg
KOHL VERLAG

Der Kartoffellauf

<u>Ihr braucht</u>:

- 4 Esslöffel
- 4 Kartoffeln
- ein Stück Kreide
- 2 Schiedsrichter

<u>So geht es</u>:

- Male mit der Kreide eine Startlinie.
- Markiere auch das Ziel mit einer Linie.
- Jeweils 4 Schüler bekommen einen Löffel. Darauf liegt eine Kartoffel.
- Wer läuft die Strecke am schnellsten, ohne dass die Kartoffel herunterfällt?
- Die Sieger der Gruppen treten dann gegeneinander an, bis der Klassensieger gefunden ist!
- Für den Sieger könnt ihr auch eine Urkunde ausstellen!

Kartoffel-Staffellauf

Mit kleinen Kartoffeln einen Staffellauf durchzuführen ist ganz schön schwierig! Man muss nämlich bei der Übergabe gut aufpassen. Viel mehr muss zum Staffellauf wohl nicht gesagt werden!

Kartoffeln sammeln

Viele Kartoffeln werden in einem Spielfeld verteilt. Auf Kommando müssen nun die Kartoffeln mit einem Löffel eingesammelt werden und jeweils einzeln zu einem Behälter gebracht werden. Gewonnen hat die Mannschaft (je nach vorheriger Vereinbarung, ...

... die am meisten Kartoffeln gesammelt hat
... die am schnellsten war oder
... die im Gesamtgewicht der Kartoffeln die Nase vorne hatte.

Dreidimensionales Kartoffel-Puzzle

Eine große Kartoffel wird in mehrere Stücke zerschnitten. Mit Hilfe von Zahnstochern muss die Gruppe die Kartoffel wieder richtig zusammensetzen.

Lernwerkstatt KARTOFFEL
Alles Wissenswerte über die tolle Knolle – Bestell-Nr. 11 004

KOHL VERLAG

VI. Das Kartoffel-Quiz

EA

Aufgabe 1: *Bist du ein Kartoffelmeister?*
Kreuze die jeweils richtige Antwort an. | X | Richtig ✎

a) Die Kartoffel stammt aus ...

☐ ... Südasien.   ☐ ... Südamerika.

☐ ... Europa.   ☐ ... Australien.

b) Die Seefahrer, die sie nach Europa brachten, kamen aus ...

☐ ... England.   ☐ ... Spanien.

☐ ... den Niederlanden. ☐ ... Deutschland.

c) Friedrich der Große schaffte es, die Menschen von der Kartoffel zu überzeugen. Wie lautete sein Spitzname?

☐ Kartoffel-Fred.   ☐ Preußen Friedrich.

☐ Der Alte Fritz.   ☐ American Freddie.

d) An der Kartoffelpflanze findest du ...

☐ ... Erdbeeren.   ☐ ... grüne Beeren.

☐ ... Himbeeren.   ☐ ... Stachelbeeren.

e) Der giftige Stoff in den Beeren der Kartoffel heißt ...

☐ ... Arsen.   ☐ ... Solanin.

☐ ... Nitrat.   ☐ ... Stärke.

f) Die Kartoffelblüten haben die Farbe ...

☐ ... rot.   ☐ ... weiß.

☐ ... blau.   ☐ ... braun.

Lernwerkstatt KARTOFFEL
Alles Wissenswerte über die tolle Knolle – Bestell-Nr. 11 004
Lernen und Erfolg
KOHL VERLAG

g) Der wichtigste Nährstoff der Kartoffelknolle ist ...

☐ ... Eiweiß.   ☐ ... Fett.

☐ ... Wasser.   ☐ ... Stärke.

h) Maschinen, die bei der Kartoffelernte helfen, heißen ...

☐ ... Kartoffel-Helfer.   ☐ ... Kartoffel-Roder.

☐ ... Kartoffel-Auto.   ☐ ... Kartoffel-Traktor.

i) Früher brauchte man zum Kartoffelanbau nur eine(n) ...

☐ ... Harke.   ☐ ... Hacke.

☐ ... Schaufel.   ☐ ... Besen.

j) Heute essen wir gerne ...

☐ ... Kartoffelnüsse.   ☐ ... Kartoffelblumen.

☐ ... Pommes Frites.   ☐ ... Kartoffelkraut.

k) Ein Tier, das der Kartoffel sehr schadet, heißt ...

☐ ... Kartoffelkäfer.   ☐ ... Kartoffelmücke.

☐ ... Kartoffelfliege.   ☐ ... Kartoffelspinne.

l) Um Kartoffelpüree herzustellen, benötigt man ...

☐ ... festkochende Kartoffeln.

☐ ... gar keine Kartoffeln.

☐ ... mehlige Kartoffeln.

☐ ... Milch und Mehl.

Lernwerkstatt KARTOFFEL
Alles Wissenswerte über die tolle Knolle – Bestell-Nr. 11 004

KOHL VERLAG

VI. Das Kartoffel-Quiz

m) Welche Farbe hat der Streifen auf der Verpackung von festkochenden Kartoffeln?

☐ Gelb.   ☐ Grün.

☐ Blau.   ☐ Schwarz.

n) Bratkartoffeln schmecken gut mit ...

☐ ... Speck und Zwiebeln.   ☐ ... Erdbeeren und Sahne.

☐ ... Honig und Senf.   ☐ ... Schokolade und Saft.

o) Die Geschichte der Kartoffelchips begann in ...

☐ ... Afrika.   ☐ ... Asien.

☐ ... Argentinien.   ☐ ... Amerika.

p) Die ersten Chips wurden verpackt und verkauft vor ...

☐ ... 10 Jahren.   ☐ ... 300 Jahren.

☐ ... 100 Jahren.   ☐ ... 1000 Jahren.

q) Eine Kartoffelknolle besteht aus ...

☐ ... 20 % Wasser, 50 % Muttererde und aus diversen Salzen.

☐ ... 45 % Wasser, 40 % Schwefelerde und aus Kartoffelmehl.

☐ ... 78 % Wasser, 15 % Kohlenhydrate und weiteren Stoffen wie Eiweiß, Spurenelemente, Ballast- und Mineralstoffe.

☐ ... 80 % Fett und 20 % Wasser.

....

<u>Und noch ein Rätsel</u>:   Es geht doch komisch zu auf der Welt.
Im Frühjahr versteckt mich der Bauer im Feld.
Im Herbst zieht er aus mit Frau und Kind
und sucht bis er mich wieder find'.
Doch dann bin ich nicht mehr allein
ich habe viele Kinderlein!   Lösung: _____

Lernwerkstatt KARTOFFEL
Alles Wissenswerte über die tolle Knolle   –   Bestell-Nr. 11 004

KOHL VERLAG
Lernen und Erfolg

Kapitel I

1.)   **a)** Kar und Toffel erzählen von ihrer Heimat Südamerika.
b) Die Inkas in Südamerika züchteten Lamas, Ziegen und Schafe.
c) Im 16. Jahrhundert kamen fremde Menschen mit heller Hautfarbe zu uns.
d) Da wir aber Licht und Sonne gar nicht mögen, bekamen wir grüne Flecken.
e) Unser Schiff geriet in einen Sturm.
f) Endlich landeten wir in Spanien.
g) Wir wuchsen schnell, weil es hier wärmer war als in unserer Heimat.
h) Nach den hellen Blüten bildeten wir grüne Beeren.
i) Die Mutterknolle war schrumplig und schwarz geworden.
j) In Deutschland kümmerte sich Friedrich der Große, genannt der Alte Fritz, um uns Kartoffeln.

Kapitel II

1.)   **a)** Blüte;   **b)** Stängel;   **c)** neue Kartoffel;   **d)** Wurzel;   **e)** Beeren;   **f)** Blatt;   **g)** Mutterknolle

2.)   **a)** Kartoffel;   **b)** Stängel;   **c)** Pommes;   **d)** Wurzeln;   **e)** Blüte;   **f)** Beere   **Lösungswort:** Knolle

4.)   Richtige Reihenfolge:

5.)   Blüten, Erde, Saatkartoffel, Beeren, Frühjahr, Herbst, Wurzeln, Triebe, Sommer, Pflanze, Licht, Knollen

6.)   Von oben nach unten:
- Wir setzen die Kartoffeln.
- Die ersten Pflänzchen sind zu sehen.
- Die Pflanzen sind schon etwa 20 cm hoch.
- Wir häufeln die Pflanzen mit Erde an.
- Die erste Blüte ist da.
- Alle Pflanzen auf unserem Beet blühen.
- Wir entdecken die grünen Beeren.
- Das sind die Früchte der Kartoffel.
- Die Pflanzen werden braun und verdorren.
- Wir ernten unsere Kartoffeln.

F	R	B	L	Ü	T	E	N	G	K	V	E	R	F
A	X	E	V	T	Z	H	E	L	N	N	Z	B	G
G	S	A	A	T	K	A	R	T	O	F	F	E	L
P	G	E	R	S	U	K	D	F	L	R	B	E	H
F	T	A	D	E	O	V	E	E	L	Ü	R	R	U
L	G	R	F	E	R	M	J	C	E	H	F	E	N
A	R	L	I	C	H	T	M	G	N	J	T	N	O
N	T	J	Z	E	X	E	D	E	G	A	G	S	L
Z	Z	S	E	D	B	A	G	J	R	H	I	E	P
E	N	W	U	R	Z	E	L	N	K	R	K	C	Ü
G	R	E	B	R	H	E	R	B	S	T	J	F	A

7.)   Von links nach rechts: Obere Reihe = 1, 3, 4, 7;   Untere Reihe = 5, 2, 6, 8

8.)   **1.** Die Pflanzmaschine lockert den Acker auf.   **2.** Sie zieht eine Furche in den Boden.   **3.** Durch einen Trichter fallen die Kartoffeln einzeln in die Furche.   **4.** Zwei Metallscheiben schieben die Erde so zusammen, dass ein Hügel entsteht. So wird das spätere Anhäufeln gespart.

9.)   **a)** Kartoffeln wurden mit großen Gabeln aus der Erde gehoben und aufgesammelt.
b) Hilfe bei der Ernte der Kartoffeln brachte der Kartoffelroder.
c) Die Herbstferien hießen früher Kartoffelferien, weil alle Kinder bei der Kartoffelernte helfen mussten.
d) Man muss weiterhin per Hand die Knollen mit den grünen Flecken aussortieren.

11.)   Ein Zentner sind 50 Kilogramm.

12.)   Das Wort „Kartoffel" kommt auf dem Arbeitsblatt insgesamt achtmal vor.

13.)   Die Kartoffel machte gut satt und war einfach zu erhalten. Sie war überlebenswichtig für die Bauern und die armen Leute.

14.)   Das Kartoffelkraut war bis zu diesem Zeitpunkt bereits getrocknet und konnte so schnell zusammengerecht werden. Und da es trocken war, konnte es auch gut verbrannt werden.

Lernwerkstatt KARTOFFEL
Alles Wissenswerte über die tolle Knolle   –   Bestell-Nr. 11 004

KOHL VERLAG

17.)   **a)** Blüten;   **b)** Stängel;   **c)** Eier;   **d)** Knollen;   **e)** Kartoffelkäfer;   **f)** Larven;   **g)** angefressene Blätter;
h) Wurzeln

18.)   **a)** <u>Von oben nach unten</u>: her, kraut, an, Rippen, los, sie, kraut, hin, geh'n, Knollen
b) Der „richtige" Kartoffelkäfer sitzt rechts oben. Er muss gelb-schwarz angemalt werden.

Kapitel III

1.)   <u>In folgender Reihenfolge</u>: Wasser, Stärke, Eiweiß, Ballaststoffe, Fett, Vitamin C, Mineralstoffe

2.)   Individuelle Lösungen!

3.)   **a)** Gloria, Sieglinde, Lena, Drillinge ...
b) Die Handelsklasse beschreibt die Qualität der Kartoffeln.
c) Herkunftsland, Sorte, Gewicht, Kochart

4.)   der = Kartoffelsack, Kartoffelkloß, Kartoffelkäfer, Kartoffelacker, Kartoffelsalat, Kartoffelname
die = Kartoffelpflanze, Kartoffelsuppe, Kartoffelsorte, Kartoffelferien, Kartoffelknolle, Kartoffelkiste
das = Kartoffelfeld, Kartoffelfeuer, Kartoffelpüree, Kartoffelfest, Kartoffelgericht, Kartoffelkraut

5.)   **a)** Bratkartoffeln = Samstag;   **b)** Kartoffelbrei = Montag;   **c)** Pommes Frites = Freitag;
d) Kartoffelklöße = Donnerstag;   **e)** Kartoffelsalat = Dienstag;   **f)** Salzkartoffeln = Sonntag;
g) Kartoffelpuffer = Mittwoch

6.)   <u>Von links nach rechts</u>: blau, grün, rot

7.)   Für Kartoffelsalat nimmt man festkochende Kartoffeln, für Kartoffelpüree am besten mehlige Kartoffeln.

8.)   **a)** Die Vereinten Nationen sind ein Zusammenschluss von 192 Staaten und als globale internationale
Organisation uneingeschränkt anerkanntes Völkerrechtssubjekt.
b) Zu den Grundnahrungsmitteln gehören Nudeln, Reis, Kartoffeln, Brot (Getreide) ... .
c) Zur „Dritten Welt" zählen Länder, die sehr arm sind und deren Wirtschaft kaum entwickelt ist. Viele dieser
Länder findet man in Afrika, Südostasien oder Südamerika.

10.)   Individuelle Lösungen!

11.)   <u>Mögliche Lösungen</u>:
Sortieren: Kleine und schlechte Kartoffeln werden aussortiert.
Waschen: Die Kartoffeln werden gründlich gesäubert.
Schälen: Die Schale wird entfernt.
Schneiden: Die Kartoffeln werden in Stäbchenform geschnitten.
Vorgaren und Trocknen: Die Kartoffeln werden ein wenig gekocht und dann getrocknet.
Frittieren: In heißem Fett werden die Kartoffeln gebraten.
Schockfrosten (Schockgefrieren): Lebensmittel schnell auf Temperaturen von -40 bis -70 °C bringen.
Abwiegen und verpacken: Je nach Bestimmung werden die Pommes in Tüten oder größere Kisten gefüllt.

12.)   **a)** Kartoffelchips wurden zum ersten Mal im Jahre 1853 in den Vereinigten Staaten von Amerika hergestellt.
b) Verpackt kaufen konnte man Kartoffelchips erstmals um 1895.
c) In Deutschland entdeckte man die Kartoffelchips in den 90iger Jahren des letzten Jahrhunderts.

13.)   <u>Fließband</u> = Ein Fließband ist eine Fertigungsstraße, die mit gleichbleibender Geschwindigkeit läuft. Es
befördert die Produkte entlang eines Arbeitsbereiches.
<u>Fritteuse</u> = Im Haushalt kennen wir die kleinen Fritteusen, in denen Fett erhitzt wird. Wir können darin
Pommes, Schnitzel oder ähnliches braten.
<u>Verdampfen</u> = Als Verdampfen bezeichnen wir der Übergang einer Flüssigkeit vom flüssigen in den gas-
förmigen Aggregatzustand durch Wärmezufuhr. In diesem Falle: Das Wasser aus den Kartoffeln verdampft.
<u>Schockgefrieren</u> = Lebensmittel schnell auf Temperaturen von -40 °C bis -70 °C bringen. Unser Tiefkühl-
gerät im Haushalt ist in der Regel auf -18 °C eingestellt.

Lernwerkstatt KARTOFFEL
Alles Wissenswerte über die tolle Knolle   –   Bestell-Nr. 11 004

Kapitel VI

1.) **a)** Die Kartoffel stammt aus Südamerika.
b) Die Seefahrer, die sie nach Europa brachten, kamen aus Spanien.
c) Friedrich der Große wurde auch „der Alte Fritz" genannt.
d) An der Kartoffelpflanze findest du grüne Beeren.
e) Der giftige Stoff in den Beeren der Kartoffel heißt Solanin.
f) Die Kartoffelblüten haben die Farbe weiß.
g) Der wichtigste Nährstoff der Kartoffelknolle ist Stärke.
h) Maschinen, die bei der Kartoffelernte helfen, heißen Kartoffel-Roder.
i) Früher brauchte man zum Kartoffelanbau nur eine Hacke.
j) Heute essen wir gerne Pommes Frites.
k) Ein Tier, das der Kartoffel sehr schadet, heißt Kartoffelkäfer.
l) Um Kartoffelpüree herzustellen, benötigt man mehlige Kartoffeln.
m) Die Farbe der Streifen bei festkochenden Kartoffeln ist grün.
n) Bratkartoffeln schmecken gut mit Speck und Zwiebeln.
o) Die Geschichte der Kartoffelchips begann in Amerika.
p) Die ersten Chips wurden verpackt und verkauft vor 100 Jahren.
q) Eine Kartoffelknolle besteht aus 78 % Wasser, 15 % Kohlenhydraten und weiteren Stoffen wie Eiweiß, Spurenelemente, Ballast- und Mineralstoffe.

Das Rätsel: Mutterknolle

Lernwerkstatt KARTOFFEL
Alles Wissenswerte über die tolle Knolle – Bestell-Nr. 11 004

KOHL VERLAG